하는 일은 가짜작가

송혜현

에세이 2종의 저자이자 제작자
학술서 1종의 공저자
그림책 1종의 제작자
세 사람과 함께 뉴스레터 소설 집 에디터
나홀로 뉴스레터 생각씨앗 발행인
그리고 출판사 머스트 씨드의 모든 일을 하는 사람
@eunjeansong

하 는 일 은 가 짜 작 가

송혜현

머스트 씨드

## ¶구구절절 일러두기

[1] 이 책에 실린 글의 9할은 2021년부터 2022년에 쓰였습니다. 현재 시점에서 바뀐 정보와 사실도 있으나, 글을 썼을 때의 감정과 상황이 묻어나는 게 중요하다고 생각해 굳이 바꾸지 않은 부분도 있습니다. 한편, 퇴고를 하면서 추가한 내용도 있습니다.

[2] 구어체스러운(←이런 말) 표현 몇몇은 맞춤법을 고치지 않고 실은 단어도 있습니다. 그게 더 제가 한 생각 같아서요.

[3] 문장에 '-'나 ...나 ()가 꽤 많다고 느껴질 수도 있습니다. 전부 고칠 수도 있었지만... 죄송합니다. 이 사람 이렇게 쓰는 거 좋아하는구나, 정도로 이해해 주시기를 바랍니다. 여기서도 벌써 몇 번이나 썼네요.

[4] '가짜작가'와 '진짜작가'의 띄어쓰기는 의도가 반영되어 있습니다.

[5] 영화나 영상 콘텐츠는 <>, 단행본은 『』로 표기했습니다.

다만 단 한 번이라도 쉬운 딸이 되고 싶었다.
나도 몇 개쯤은, 한 번쯤은, 누구나 아는 명사로 설명되는
쉬운 딸이 되어주고 싶었다.

¶ 서문의 서문:
이 책은 한 사람의 '말'로부터 시작된 기획입니다. 그 내용을 서문에 담았습니다. 꼭 말씀 드리고 싶은 점은, 그때 제 기분이 나쁘다거나 감정이 상하지 않았다는 것입니다. 실은 글감이 될 법해서 오히려 좋아였기도 했고, 책으로 충분히 발전시킬 만한 기획의도가 떠올라 신났어요. 그저 그 말과 말에 담긴 사실 자체를 곱씹게 되었을 뿐입니다. 그럼에도 지인은 미안했는지 만년필 선물과 함께 사과도 해주었답니다. 지면을 빌려 책을 쓸 수 있게 해줘서 고맙다는 말을 전해요. 글 허락도 받음!

## 가짜 작가입니다만

"네가 진짜 작가가 된다면 말이야."

지인들과 식사 자리에서 들은 말이다. 도서관에 내 책이 있고, 책에 ISBN도 있고, 이름이 저자로 검색되고, 그 타이틀로 칼럼을 썼어도. 나는 그런 소리를 듣는다.

옆에 있던 친구는 내 기분을 걱정했는지 "뭐래, 지금도 진짜 작간데"라며 말을 고쳐주었다. 의연한 척했던 것인지, 괜찮지만 괜찮지 않았는지는 몰라도 그날을 포함해 며칠간은 그 문장을 잊었다. 솔직히 힘써서 잊으려 했던 것에 가까울 것이다. 실은 잊지 못했으니 떠올리는 게 자연스럽고, 이 글을 쓰는 지금도 그 말을 생각한다. '네가 진짜 작가가 되면…' 귓가에 윙윙거려 어찌할 방법도 모른 채로, 그저 생각하는 수밖에 다른 방법이 없었다.

말한 사람에게 조금의 악의도 없었다는 걸 잘 안다. 나는 그와 그 말의 저의를 생각한 게 아니었다.

대신 '진짜' 작가와 '가짜' 작가에 대해 생각했다. 어떤 것이 진짜 작가일까. '진짜 작가가 될 수 있다'라는 문장에 따르면 내가 진짜 작가가 될 가능성을 품고 있는 사람이며, 아직은 진짜 작가가 아니라는 명제가 참이 된다. 곧 내가 가짜 작가라는 소리이고, 그렇다면 내 책을 쓴 사람은 뭐라고 부르지. 저자? 글쓴이? 여하튼 책을 썼다 해도 '작가'가 되진 않는 것이다.

유명세와 순혈성이 진짜를 만들어낸다면 그 둘이 모두 부재한 나는 가짜다.

하지만, 가짜이기 때문에 내 책의 모든 부분은 내게 맡겨져 있다.

적어도 내 책에 관해서는 제가 담당자가 아니라서 그 부분은 잘 모르겠는데요 같은 소리는 할 수 없고, 이렇게 할 걸 후회하고 시정하겠습니다 속으로 다짐하는 것도 내 몫이다. 누구보다 진짜로, 나는 내 책을 진짜로 경험한 유일한 사람이다.

랩하는 예능 <쇼미 더 머니 10>에서 임플란티드 키드의 벌스는 이랬다. "진짜 래퍼 가짜 래퍼 니들이 생각하는 진짜가 뭔데 근데 어차피 너도 살고 있잖아 메타버스 근데 난 현실에 나와 뱉어 킬링벌스."

스스로 작가라고 불려지길 소망한 적이 없으나 이런 말을 들은 이상 그래선 안 된다는 생각이 들었다. 난 소망해야 한다. 누가 뭐라고 해도 작가라고 인정해야 한다. 나조차 인정하지 않으니 작가 앞에 붙은 수식어 따위가 신경쓰이는 게 아닌가? 진짜 작가가 가득한 세상에도 누구보다 진심으로 책을 만들고 출판을 배워가는 '가짜작가'가 있다고, 말해버려야지. 이 사람의 세상은 진짜고 그 경험도 진짜니까.

쓰는 하루와 배송의 하루가 겹쳐 있는 세상, 생각의 하루와 세무의 하루가 겹쳐있는 세상. 홍보 따위 잘하지 못해서 절절매는 세상. 가짜라는 소리를 듣는 작가의 세상은 오늘도 계속된다.

가짜작가입니다만 7

> 무심코 독립 출판하다가 큰코다치기

아쉬움을 파는 일 15
제목 짓기 대실패 21
충격의 가제본 25
2만 원어치 모름 비용 31
별점 성적표 37
다음부터 입고 메일은 힘을 빼고 41

> 초보 책팔이의 자세

종이 사업자여, 종이 한 장의 무게를 견뎌라 49
작은 집이 출판사가 되면 55
첫 사업장현황신고 59
사업자 이전에 출판사 63
책 팔다가 프로페서 엑스를 꿈꾼 사연 67
설렁탕 대신 책 판 돈을 쥔 송첨지 73
북페어 게시물에서 구남친을 발견했을 때 77

## 가짜작가의 작가정신

능동 사인 인간 83
크라우드 펀딩과 마지막 호두과자 87
꿈 깨 91
페르마타를 정하는 사람 95
부끄러운 겉절이 99
글밥 먹고 싶은 겁쟁이 105

## 진짜작가로 만드는 것들

마법의 주문 115
책이라는 선언 119
쓰게 만드는 사람 123
전설의 독자 129
독자 메일 133
붙잡힌 발목 139

지금 145

무심코

    독립 출판하다가


큰코다치기


1

## 아쉬움을 파는 일

 5월의 어느 날, 우리는 마지막으로 모였다. 그날은 일명 수료식의 날로 모든 참가자가 인쇄까지 완료한 자신의 책, 완성물을 갖고 만나는 자리였다. 만나자마자 우리는 이주 일 남짓한 기간 동안 흘린 피땀 눈물을 토해냈다. 완성을 위한 각고의 노력이 주된 내용이었다.

 이야기는 '어떻게 완성이 되긴 됐네요'로 이어졌다. 거기에는 책을 완성했다는 숭고한 기쁨보다도 어떤 허탈함이 있었다. 다른 이의 심정은 알 수 없지만, 적어도 내게는 그랬다. 도저히 끝난 것 같지 않았다. 인쇄소에 최종 파일을 넘기는 순간에도 부족한 느낌이 들었었다. 그리고 그 기분은 물성의 책이 나온 지금도 여전히 유효하다.

 디자인 같은 전체적인 비주얼 말고, 오탈자처럼 세세하고도 선명한 것들 때문에 그랬다. 전자는 쉽게 포기가 됐다. 더 정확히 말하면 내 능력으로 손댈 수 있는 범위를 이미 넘어섰기 때문에 그것이 아쉬워 보이지도 않았다. 그러나 후자의 경우는 달랐다. 백 번 보면 백 번 고칠 수 있었다. 그러니까 그건 시간과 노력의 문제였다.

지원금은 선물이자 족쇄였다. 데드라인과 각종 증빙서류를 담보로 제작 비용을 지원받았다. 기한은 반드시 지켜져야 했다. 불만이 있는 건 아니다. 한편으론 날짜가 정해져 있는 게 다행스럽기도 했으니까. 마감 날짜가 있다는 사실이 지지부진한 나를 움직이게 했다. 기한의 강제성이 없었더라면 원고는 영원히 내 품에서 잠들었을지도 모른다. 다만 촉박한 시간이 나를 히스테릭하고 불안하게 만들었다. 인쇄소에선 납기일까지 인쇄를 못 할 수도 있다고 몇 번씩이나 말했다. 시간이 빠듯하기도 했거니와 그쪽에선 실제로 하면 할 수 있더라도 그렇게 말하는 편이 나았을 것이다. 알면서도 불안했다. 최후의 최후까지 원고를 고쳐야만 했고, 고치면서 불안했다. '마지막 원고'라고 명명된 원고를 다시 한 번의 마지막 기회를 가까스로 얻어 고치면서 눈물 없이 울었다. 이렇게까지 고쳤는데도 내가 지나친 실수가 툭 튀어나올 것만 같았다.

시간이 조금만 더, 하루라도, 이틀이라도, 일주일이라도 더 있었으면 싶었다. 그러면 속이 좀 시원할까. 볼 때마다 고칠 거리가 눈에 띄었다. 신기하다. 어떻게 계속 나오지? 모르는 게 약이라고 틀린 글자도 모르면 괜찮다. 그런데 이미 눈에 띈 것을 무시하는 건 정말 괜찮지 않아서 이젠 일부러라도 내 책을 들추지 않게 됐다. 모르고 싶다.

참가자들과 볼 때마다 계속 나오는 오탈자의 신비를 논하고 있자니, 담당자님이 툭 이 말을 던졌다.

"그건 신의 영역이라는 말이 있어요."

만드는 사람은 만드는 사람의 최선을 다해서, 할 수 있는 만큼 고칠 거리를 찾는다. 거기까지가 우리의 몫이고, 이미 '최종'의 무언가가 된 순간부터 신의 몫이라는 소리였다. 이미 통제 영역을 벗어났으니 믿는 수밖에 없다는 말이려나.

나는 내 책을 처음 만들었다. 시행착오도 있었고

미련 같은 아쉬움도 남는다. 이 아쉬움을 어쩌지도 못한 채 팔아야 한다.

그러니 내 책을 사는 사람은 미처 어쩌지 못한 내 아쉬움도 사게 된 셈이다. 책에 묻어진 아쉬움을 눈치채는 사람이 분명히 있을 거다. 그는 책을 들었다가 내려놓기도 하고, 살까 말까 고민도 할 테다. 아쉬움을 판다.


가수 제시가 게스트로 나온 <대화의 희열>에서 출연자들은, 제시의 보컬이 훈련되지 않아서 얼마나 매력적인지에 대해 공감하며 "예술은 매력적인 오답을 찾는 작업"이라고 말한다. 이어 "매력적인 오답이 자신만의 정답으로 발전"하는 것이라고 덧붙인다.

결코 정답에 닿을 수 없을 것이다. 유려한 문장이니 글쓰기의 기술이니 그런 것도 잘 모르고, 어딘가에 잘못된 글자가 숨어 있을지도 모른다. 글쓴이가 곧 편집자일 때 나타나는 가장 큰 문제점, '습관적인 문장을 계속 습관처럼 쓰는 것'은 이 글을 쓰는 순간에도 행해진다. 수천 번 책을 만들어도 수만 번의 아쉬움이 남을 것이다. 이 아쉬움이 사라지는 날이 없을 거고, 나는 신의 몫을 믿어야만 한다.

결국 내가 할 수 있는 일은 믿는 것뿐이다. 내 것 또한 매력적인 오답이 될 수 있겠거니 믿는다. 책을 들었다가 내려놓고 다시 들어주었으면. 살까 말까 고민하다가 사주었으면 한다. 내 글이 읽히리라, 그 가운데 처리하지 못한 아쉬움마저 사랑받기를 바란다. 아쉬움을 포함했기 때문에 내 책이다. 그것까지가 내 책. 누구도 어디서도 대체할 수 없는 아쉬움, 나만이 만들 수 있는 나의 아쉬움. 책은 그 아쉬움을 파는 일이다.

# 제목 짓기 대실패

　책을 만들 때 제목이 중요하다는 걸 모르는 사람은 없다. 제목을 잘 지어야 사람들의 관심을 끌 것이고 아무 정보 없이 서점에 왔어도 책을 사 갈 가능성이 생긴다. 표지와 제목은 책의 첫인상과도 같다. 게다가 내게 있어 제목이란 굳이 책이 아니더라도 중요한 것이었다. 대학 신입생 때 필수 교양으로 들었던 글쓰기 수업에서 교수님은 제목을 대충 짓지 말라고 거듭 강조했고, 그 중요성을 인이 박이도록 말씀하셨다. 그날 이후로 모든 리포트, 모든 과제, 모든 글에 제목을 'OOO를 읽고' 따위로 적는 일은 일어나지 않았다.

　다시 한번 말하지만, 책 제목의 중요성을 모르는 사람은 없고 나는 제목을 허투루 짓지 않는 사람이다. 그래서 제목을 결정하기에 앞서 꽤 긴 고민의 시간이 있었다. '6.5평 월세방을 짝사랑하는 일'이라는 제목은 뚝딱 나온 게 맞긴 하지만 뚝딱 결정한 건 아니었다. 말하고 싶은 요소가 많다 보니 머리를 좀 굴렸다. 작은 집이라는 것, 내 집이 아니라는 것, 집이지만 방 같다는 것, 그리고 그 집에 어떻게 살고 있는지를 종합적으로 말해주는 제목이 필요했다. 이렇게 저렇게 요소를 조합하다가 "6.5평 월세방을 짝사랑하는 일"이라고 하면 어떨까, 툭 하니 이 제목이 만들어졌다. 그래도 쉽게 결정하진 않았다. 제목이 조금 어렵고 길다는 점이 우려됐다. 단번에 눈길을 사로잡을 것 같지도 않고 돌아서면 그… 그… 뭐였더라 하며 잊힐 것 같기도 했다.

첫 책이니만큼 내 생각을 밀고 나가고 싶은 마음이 컸다. 하고 싶은 대로 할 수 있을 때 하자는 마음을 먹으며 '저자의 의도가 잘 담긴' 제목을 달게 되었다. 책을 뽑은 지 며칠이나 지났으려나. 이 제목이 내 의도만 잘 담았을 뿐 실패했다는 걸 알았다. 나는 제목을 아무렇게나 짓기를 거부하는 사람이었지, 제목을 잘 짓는 사람은 아니었던 것이다.

이유: '6.5'에 해시태그 적용이 안 된다. 인스타그램과 네이버 블로그에서. 아마 다른 플랫폼에서도 마찬가지일 거다. 차라리 웹 3.0 느낌으로 '월세방을

짝사랑하는 일 6.5'로 지을 걸 그랬다. 그랬으면 6.5 전—월세방을 짝사랑하는 일—까지는 해시태그가 적용됐을 텐데.

이건 길고 어렵고 기억에 남지 않는 것보다 더 충격적인 문제점이었다. 인스타그램을 뒤적거리다가 그 사실을 알아챈 나는 뒤통수를 세게 맞은 사람처럼 얼얼한 뒤통수를 부여잡고 속으로 울었다. 이럴 거였으면 인스타그램 계정이니 뭐니 하지 말고 신문에 광고를 내지 그랬니. (그럴 돈은 없다.)

독립 출판의 묘미(?)는 유통도 내 몫, 홍보도 내 몫이라는 점이지만 이 책은 그 묘미를 제대로 즐기기엔 무척이나 부적절한 이름을 달고 있었다. 더욱이 소셜미디어로 홍보하고 연락하는 시대를 고려하지 못한 시대착오적인 제목이었다. 제목은 실패했다. 잘 짓기는커녕 두말할 것도 없이 실패다.


이 난관을 극복하려 애썼다. 해시태그 적용이 잘 됐어도 지금과 별반 차이는 없을 것이라 위안하며 내가 올리는 책 관련 게시물에 해시태그들을 육쩜 오평이나 65평이나 6쩜5평으로 대체해서 써넣었다. 일부 서점에서는 말씀드리지 않았는데도 나의 고충을 눈치채고 갖가지 방법으로 해시태그를 해주셨다.

 이 효율적인 세상에서 내 책 리뷰 하나 쉽사리 검색하지 못하다니… 아아… 구리다는 리뷰는 내가 찾지 못하는 거기에 있기를…….

## 충격의 가제본

독립 출판 스텝 원, 원고 쓰기. 스텝 투, 디자인하기. 스텝 쓰리, 가제본 뽑기. 스텝 포, 인쇄 및 제본하기. 스텝 파이브, 서점에 입고하기. 잘 따라왔나요? 그렇다면 독립 출판의 A부터 Z까지를 섭렵하셨습니다.

단계별로 써놓으니 참으로 간단하다. 누구든 할 수 있을 정도다. 실제로 출판 자체는 진입 장벽이 낮기도 하고 말이다. 신신당부하고 싶은 점은 누구에게나 열려 있는 일이 누구에게나 잘난 결과물을 가져다주는 건 아니라는 점이다.

책을 만들어 보겠다고 결심한 이들은 글을 조금이라도 사랑하는 사람일 테니 원고 쓰기는 어찌 됐든 할 수 있다 치자. 디자인 단계부터 본격적인 난코스가 시작된다. 디자이너가 글을 쓰는 경우라면 엄청난 시너지가 발생하지만, 디자인의 '디'자도 몰랐다면 눈물을 각오하는 게 좋다. 눈물을 훔치며 노선을 분명히 해야 한다. 독립 출판이니만큼 기성 출판이 내놓는 책의 형태를 따라 하고 싶지도 않고 내 개성대로 하고 싶다면, 상관없다. 또는 실체화라는 의미에만 충실하겠다면, 상관없다. 그런데 나는 디자인의 디귿도 몰랐고 독보적인 감각도 없으면서 예쁘장한 책을 만들겠다고 뛰어들어 버렸다. 분수가 있지. 주제를 모른다.

디자인의 대상은 '디자인'을 온몸으로 티 내고 있는 표지뿐만이 아니었다. 내지, 책의 내부도 알고 보니 디자인의 집합체였다. 글자 크기, 행간, 자간, 들여쓰기 정도, 본문 여백 정도, 장 제목 스타일, 글꼴……. 수많은 요소가 섬세한 디자인을 거쳐야 책의 본문을 아름답게 할 수 있었다. 길 건너 알파문구에서 A4용지에 임의로 뽑아도 보고, 여러 버전을 만들어 보기도 했다. 나름대로는 노력한 것이다. 고치고 고쳐서 이만하면 됐다며 근거 없는 판정을 내린 뒤, 단행본을 소량으로 제작해 주는 사이트에서 가제본 인쇄를 주문했다.

첫 책의 첫 모습은 어떨까, 기다리는 동안 양껏

설렜으나 그간의 설렘을 비웃듯이 결과물은 처참했다. 받자마자 충격에 휩싸여 온갖 쥐구멍이란 쥐구멍은 찾아 숨고 싶었다. 잘못 나온 거 아닌가요? 내가 이렇게 했다고요? 너무 재밌게 나와서 헛웃음이 났다. 이것이 나의 의도요! 우겨보기라도 할 수 있으면 좋으련만. 누가 봐도 뱁새가 황새 따라가 보려다가 가랑이 찢어진 경우였다. 그간의 작업이 무의미하게 느껴졌다. 의도해서 완벽한 허접을 탄생시킨 허접의 명작이 아니라 최선을 다해 허접하지 않으려고 애썼지만 허접한 게 티 나서 안쓰러울 지경인 졸작이었다.

    할 수 있는 만큼 열심히 고쳤다. 본문의 글자를 조절하고, 레이아웃을 수정하고, 글자들의 위치를 어긋남 없게 하고, 보고 또 보면서. 가제본은 말 그대로 가제본, 배우고 고치려고 제작하는 거잖아, 다독이며 두 번째 가제본은 전보다 실험의 의도로 만들었다. 코팅 방식도 바꿔보고 색감도 조절해 봤다. 최종 결정을 이대로 하진 않을 거였지만 어떤 경우에 어떤 모양으로 나오는지 알아야 도움 될 것 같았다. 두 번의 배움을 토대로 제대로 된 걸 만들어 볼 작정이었다. 과정이라 생각하니 마음이 편안해진 덕분이었을까, 다행히 두 번째 가제본은 충격이 덜 했다.

디자인은 해보지 않고서는 어떠한 감도 잡히지 않는 무언가였다. 경험치가 없다 보니 대충 이 정도면 어떻게 나오겠지의 가늠이 불가했기 때문이다. 글자 크기, 자간, 행간은 물론이고 본문의 여백이나 폰트가 도무지 어떤 식으로 보일지 예측할 수 없었다. 북디자이너의 영혼을 갈아 넣은 노동 장면을 상상하며 모든 직업엔 이유가 있음을 다시금 깨달았다. 다 이유가 있다, 다. 왜 난 이걸 혼자서 하겠다고 생각했을까?

충격 아닌 충격을 겪고 나서야 주변 사람들을 떠올릴 수 있었다. 디자인 그 엇비슷한 것을 할 수 있는 능력자들이 내 주변에도 있었다는 걸 생각해 냈고, 어도비 일러스트레이터 좀 만질 줄 안다는 측근에게 가제본을 보여주며 '하고 싶지만 내가 어떻게 할 수 없는 부분'을 부탁해야 한다는 사실을 받아들였다. 그렇게 책은 어느 정도의 꼴을 갖춰 세상에 나올 수 있게 됐다.

지금 생각해 보면, 도움을 주고받는 걸 어려워하는 내게 이 과정은 반드시 필요했을 것이다. 달리 말해, 오만하기 그지없어서 뭐든 혼자 할 수 있다고 착각했던 그때의 나는 이 과정을 지나치지 않으면 안 됐다. 가제본이 준 충격에 나는 흔들려야만 했던 거다. 앞으로도 살아가는 내내 난 부단히 혼자 해내려 애쓰겠지만 어차피 그런 게 가능할 리 없고, 그때를 대비해 미리 여기에 선언하도록 하겠다. 이 애송아 가제본 다시 봐라, 알겠니.

## 2만 원어치 모름 비용

서점에 가면, 특히 독립 서점에 가면 책에 비닐이 씌워진 경우가 많다. 사기만 하던 때는 그 비닐들이 불필요한 것으로 여겨졌다. 어차피 버려질 텐데. 뜯기도 귀찮고 뜯고 나면 다시 쓰기는 애매한 깨끗한 쓰레기가 되고 만다. 아깝기도 하고 낭비 같았다.

비닐을 씌워서 내 책을 유통할 계획은 전혀 없었다. 자연스러운 생각의 흐름이었다. 낭비를 줄이기 위해선 그게 당연하다고 생각했으니까. 책에 비닐을 씌우는 일을 그저 새 옷이나 새 신을 아끼는 것처럼 새것이라 아끼는 행위와 비슷하지 않을까 재단했다. 단순히 '새것이라'로 설명하기엔 너무 많은 낱말들이 숨어있었는데도.

책이 완성되고, '진짜' 유통 과정에 진입하고 나서야 내가 정작 비닐의 필요성을 알려고 해본 적이 없다는 걸 깨달았다. 입고 계약 때문에 주고받는 동네 서점들과의 메일에서 나는 비로소 비닐의 진실을 알게 됐다. 비닐은 한낱 비닐 따위가 아니었다.

비닐은 책을 보호하기 위한 마지막 전선을 지키는 최후의 보루, 보호막, 그리고 방패였다. 몰랐던 사실이지만 책은 인쇄와 배송 과정에서 많이 손상된다. 수십 권이 파본이 되기도 한다. 서점 운송 과정에서 책에 상처가 생기거나 무게에 눌리는 식으로 결함이 생기면 그 책은 누구도 사지 않고, 그러면 반품이 되고, 그러면 재고가 된다. 이렇게 잘못될 위기에서 무사히 살아남아 시장에 풀리는 책들마저 반품되면 출판사에겐 큰 손해로 남는다. 서점에 진열됐는데 손때가 묻어 표지가 새 책스럽지 않거나 긁힌 자국이 남으면 그 책은 누구도 사지 않고, 그러면 반품이 되고, 그러면 재고가 된다. 출판사가 작으면 작을수록 손해가 생긴다.

이 예견된 위기를 막기 위해 비닐이라는 장치가 필수로 도입된 것이다. 어떤 서점에서는 입고 작가에게 비닐 포장을 요청하거나 간혹 책방 운영비로 직접 OPP 필름을 사서 씌우기도 했다. 출판사에서 미리 인쇄 후에 전체적으로 비닐 패킹을 하는 경우도 있다. 이렇듯 비닐은 책의 생명과 직결된 문제였다. 책에 비닐을 씌우는 심정은, 어차피 사용감이 생길 새것을 아낄 만큼 아끼는 까탈스러움이 아니었다. 그보다는 더 이상 다치지 않기를 바라며 밴드를 붙이는 속상함에 가까웠다. 상처 위에 얹힌 작은 밴드가 감쪽같은 치유의 소망을 주듯이, 작은 힘에도 찢어지는 비닐이 지금 이 상황에선 어떤 강철 방패보다 단단하게 느껴졌다.

애초에 비닐을 씌울 생각이 없었던 터라 급하게 비닐을 구했다. 서점에 책을 보내주기로 약속한 상태였기 때문인지, 맡겨진 임무를 빨리 완수해야 하는 사람처럼 마음도 행동도 괜히 번잡해졌다. 때마침 쿠팡에서 가정의 달 로켓 배송 무료 이벤트를 하고 있었고, 책 크기와 같은 크기의 비닐 몇 묶음을 부랴부랴 주문했다. 만 원이 조금 안 됐다.

다음날 받아본 비닐은 너무 작았다. 책 크기와 같은 사이즈의 비닐을 주문한 탓이었다. 내 하찮은 공간지각력은 어쩔 수 없다 치더라도 신중했어야 했는데. 준비할 생각을 못 해서인지 신중해질 겨를조차 없었던 모양이다. 책이랑 같은 크기의 비닐에 책이 들어갈 것이라 생각했다니.

집 근처의 알파문구로 달려가서 OPP 봉투를 찾아 계산했다. 집에 와서 영수증을 보니 만 원이 넘었다. 한 묶음만 사려고 했는데 만 원어치의 묶음을 사버린 것이다. 당장은 필요한 만큼만 사고 나중에 대량으로 싸게 사려 했던 계획이 무산됐다. 근처에 다이소도 있는데 그 순간 왜 생각이 안 났는지 모르겠다. 비닐 쇼크 사태가 이렇게 정신에 큰 영향을 미친다…….

글 쓸 때는 원고를 마무리하는 게 최대 시련, 원고를 쓰고 나니 디자인하는 게 최대 시련, 디자인 끝내 놓고 보니 인쇄하는 게 최대 시련, 인쇄하고 보니 그냥 시련이다. 모르는 건 너무 많고, 그래서 착각하고, 생각지도 못한 일이 생기고, 그래서 여유가 없고, 안 해도 될 고생을 해버린다.

책은 내 품이 아니라 세상에 놓여야 한다. 책과 관계를 맺은 나 외의 많은 것들을 생각하지 않으면 안 됐다. 모든 관행에는 모든 이유가 있고, 모든 선택에는 모든 고려가 있었다. 그리고 이유와 고려는 언제나 숨어있다. 알아보려고 하지 않으면 알아지지 않은 채로. 고작 비닐이 방패가 되듯, 알지 못하는 굉장한 '고작'들이 아직도 구석구석에 숨어있을 것이다. 그것들은 여전히 '모르는 것'의 일부로 내게 남아있다.

오늘도 모름 비용을 치르며 시련을 이겨낸다. 이 날의 시련을 위해 내가 치른 비용은 단돈 2만 원이다.

## 별점 성적표

　책 제목을 검색해 본다. '6.5평 월세'가 들어간 제목 때문인지 오늘도 역시나 부동산 매물 사이트만 나온다. 독자가 자의로 리뷰를 와다다닥 남기는 책을 쓸 수 있을까. 난 아직 멀었다.

　아주 작은 발견도 소중할 따름이다. 서점 방문기 사진에 우연히 함께 찍힌 내 책이 반갑다. 제 책이 입고된 서점에 방문해 주셔서 고맙습니다, 한다. 가끔 올라오는 후기는 한 문장이라도 얼마나 감사하던지. 누군가가 정말 읽고 있구나 싶다. 이런 사소한 발견들을 내가 기억하는 건, 정말 드물어서 그렇다. 매번 같은 검색 결과가 나온다. 진작 다 눌러봐서 글 제목 링크는 파란색이 아니라 자주색이 되어 있다.

　그날도 평소와 다를 바 없었다. 스크롤을 내리다 갑자기 파란색 제목이 튀어나온 것 빼곤. 그 사이트는 각종 콘텐츠를 평가하고 아카이빙하는 사이트였다. 누가 내 책을 읽고 별점을 매겨놨다. 별 다섯 개 중에서 별 세 개, 3점.

이 별 세 개의 의미를 어렴풋이 짐작할 수 있었다. 꽉 차지도 텅 비지도 않은 적당한 수준이라는 소리일 거다. 1점부터 5점까지 매길 때 잘 모르겠고 중간이다 싶으면 고르는 '3점', '매우 그렇지 않다'부터 '매우 그렇다'까지의 등간 척도로 바꿔 놓으면 '보통이다'에 해당한다. 수우미양가 성적표에선 '미', A에서 F로 매기는 성적표에선 'C', 수능으로 치면 5등급이다. 적당하다는 건 나쁜 의미가 아니었으나 그렇다고 대단히 좋은 것도 아니라고 할 수 있다.

그는 왜 적당함을 느꼈나. 추측건대, 너무 잘 읽히고 너무 공감만 돼서 그런 듯하다. 두꺼운 책이면 장점이었겠지만 얇은 책은 너무 막힘없이 읽히면 가성비 상 문제다. 공감이 가는 글은 좋은 글이지만 그 공감의 메시지를 기억해 둘 정도라고 느껴지지 않으면 그건 반쪽의 성공이다. 이상의 냉철한 판단을 토대로 나도 내 책이 아니었으면 왠지 3점을 매겼을 것 같다는 결론이 났다.

평가자에 대한 원망이 있을 리도 만무하고 오히

려 읽어주었다는 사실이 고맙기까지 한데, 착잡했던 이유는 내 책은 평가 하나가 평판의 전부이기 때문이다. 리뷰의 표본 수 자체가 적기 때문에, '대체로 호평이고 여러 다른 의견도 있는 책'이 아니라 '3점짜리 책'이 된다.

나는 평판을 조작하기 위해(?) 표본에 개입하기로 결심한다. 그 사이트에 가입했다는 소리다.

내 책에 얼른 별 다섯 개를 찍고 보니 '내 리뷰'에 덩그러니 놓여 있는 책 한 권이 너무나 민망하게 느껴졌다. 지금껏 읽은 책들을 찾아 5점을 주고—뿌리고—후다닥 사이트를 닫았다. 뭐가 그렇게 부끄러웠는지 곁눈질하며 주위를 둘러보기까지 했다. 혼자 있었는데 말이지. 언제쯤이면 평가 하나에 연연하지 않는 작가가 될 수 있을까. 역시 아직 멀었다. 그런 의미에서 앞으론 어떤 창작물이든 음식이든 별점만 남기는 평가는 안 해야겠다. 이건 숙명이다.

## 다음부터 입고 메일은 힘을 빼고

호기롭지만 소심하게 입고 메일을 보냈던 때가 있었다. 실은 그렇게까지 어렵게 생각할 필요도 없었던 것 같고 그렇게까지 조심할 필요도 없었던 것 같다. 다시 하라고 하면 더 편한 마음으로 할 수 있을지도 모른다. 독립 출판을 해볼까 싶어 이 글을 읽는 누군가가 있다면 님들이라도 그렇게 하시길 바란다. 그래도 괜찮으니까.

이메일이란 건 희한한 미디어라고 할 수 있다. 인간이 대면 상황에서 지켜야 할 예의를 어느 정도 비슷하게 지키면서도 디지털의 이용 논리를 갖고 있기 때문에 상호작용의 성격이 완벽히 다르지도 같지도 않다. 일단 나는 상대방의 존재를 알지만, 상대방이 어떤 생각을 갖고 있는지 예측할 수조차 없다. 그게 가장 큰 다른 점이다. 그렇지만 이메일의 언어는 카톡의 언어와 다르다. 이메일의 언어는 대면 소통의 그것처럼 의례적이며 예의를 차려야 한다.

나의 첫 입고 메일은 이메일이라는 매체 형식이 주는 부담감에 짓눌러 버렸다고 해도 과언이 아니다. 뭔가 살갑게 말하자니 오버스럽게 느껴졌다! 얼굴 보고 말하는 거였다면 자연스레 말할 수 있었을, 전에 한번 들러봤는데 분위기가 너무 좋아 입고하고 싶었어요, 처럼 호감을 표시하고 아이스 브레이킹을 선언하는 인간관계의 기본이자 기본, 자기 노출과 유사점 찾기의 언어들이 이메일에서는 전혀 자연스럽지가 않았다.

왜냐하면 상대에게 나는 존재하지만 존재하지 않는 사람이기 때문이다. 형체가 없다. 그 사실을 내가 알고 있다. 이러한 이유로 뭔가 정형화된 입고 메일(메일의 톤 앤드 매너를 지킨 메일 같은 메일)을 보내야만 할 것 같고, 뭔가 적당한 입고 메일(기억에 남지 않을 어중간한 내용)을 보내야만 할 것 같았다. 아주 인간적으로 써 보내자니 상대는 나를 알지도 못하는데 나만 과하게 호감을 표시하여 부담을 주거나 관계 형성의 균형이 맞아떨어지지 않는 상태가 우려되었던 것이다.

나라는 사람이 유독 이런 걸 어려워하는 사람이긴 하다. 입고 메일뿐만이 아니라 이런 식의 모든 제안이 어렵게 느껴진다. 일명 콜드메일이라 불리는 메일 형태부터 전화나 문자… 솔직히 얼굴 보고 하더라도 부탁 요청 홍보 용의 묻기를 무지하게 불편해하는 인간.

요즘의 나는 가끔, 실은 두 번 뿐이지만, 처음 간 책방에 독립 출판을 한다고 밝히곤 한다. 두 곳 모두 반갑게 대해주셨고 입고도 먼저 말씀해 주셨다. 그간 소위 연줄이라는 것에 엄청난 두려움을 느끼고 있었던 것 같다. 그것의 장점을 믿고 싶지 않았거나 그런 식의 인간관계를 잘 유지하지 못하는 나의 약점을 숨기고 싶었던 것이거나. 둘 다이거나.

용기를 내고 보니 별것이 아니더라, 싶었다. 또 꽤 좋았다. 새삼, 관계를 맺는 건 좋은 일이라는 생각이 들었다.

내게 관계를 맺는다는 것은 소중한 것이었고 그

소중함을 스스로 훼손하는 셈이 될까 봐 늘 주저했다. 용기를 냈을 때 거절당할 것이 무서워 역시 주저했다. 하지만 약간은 힘을 빼는 것이, 언제나 그렇듯이, 좋은 법이다. 소중함도 걱정도 힘을 빼는 것이 좋단 말이다.

그래 놓고 정작 제집 드나들듯 드나드는 단골 서점(샤라웃 투 땡스북스)에는 밝히지 못하는 여전한… 나…. 아아, 이미 그곳은 힘을 빼기엔 더없이 소중해져 버렸다.

초보

　　책팔이의


자세


　　　　　　2

## 종이 사업자여, 종이 한 장의 무게를 견뎌라

자, 출판사업. 뭐가 필요하지? 출판사신고증이 필요하고, 사업자등록증이 필요하네. 그래 그건 어떻게 하지? 어? 구청 가서 신고하고 세무서 가서 등록만 하면 된다고? 이 일련의 절차는 말처럼 쉬워서, 실제 '업'도 그럴 것만 같았다.

여하튼 착각이었고, 종이 한 장의 무게는 실로 대단한 것이었다.

난생처음 인쇄소에 전화를 걸어 납기 재촉이란 걸 해봤다. 기한이 너무 촉박하다고 해도 그건 미리 협의가 이뤄진 사안이었고, 나는 세금계산서 상의 '공급받는 자'였으므로 약속된 일자를 맞춰달라 언질 주는 것은 정당했지만 그 전화 한 통은 어지간히도 길었다. 별로 좋지도 않은 소리를 좋은 소리처럼 했다. 심지어 나중엔 계산서를 발행해 달라는 그 당연한 말을 하는 것도 어려웠다. 사업하는 사람끼리의 당당한 요구와 제공이 뭔지를 배우기도 전에 사업자가 돼버린 사람의 불행이었다.

얼마 전엔 고용보험에 가입하라는 우편물이 왔는데 당최 그것까지 신경 쓸 여력이 없어서 서랍 어딘가에 던져두었다. 이런 비슷한 우편물을 받을 때마다 기분이 오묘해진다. 신규 사업장 리스트를 살뜰히 챙겨 고객 유치에 힘쓰는 세무서에서 홍보물을 보내고, 어딘가와 계약해야 할 때는 내가 서명해서 보낸 계약서가 상대의 서명을 담아 돌아온다. 계약서를 주고받을 땐 언제나 가슴이 철렁한다.

이런 철렁임은 내가 발송자일 때 유독 심해진다. 택배를 혼자 부치다 보니 신경 쓸 게 한둘이 아닌데 그중에 무엇 하나 잘못됐을까 얼마나 울렁거리는지 모른다. 부수는 맞게 넣었나, 거래 명세서는 넣었나, 혹시 다른 서점 걸 잘못 넣은 건 아닌가, 완충재는 제대로 기능하려나, 테이프는 잘 붙었나, 택배 예약은 해뒀나, 이 서점 운송장이 저 서점 박스에 붙은 건 아닌가. 이렇게 머리를 굴리는데도 거래 명세서를 잘못 적은 적이 있었다. 미리 만들어 둔 명세서에서 뭔가를 고치고 싶어 외부에서 급하게 수정해 인쇄하다가 공급가를 잘못 입력한 것이다. 흔하게 거래되는 공급률과 부수로 여러 버전의 명세서 파일을 만들어뒀지만 소용없었다. 실수란 이토록 불가피하다.

계산서 발행이나 장부 대조 땐 더더욱 그렇다. 매월 10일에 늦지 않기 위해 월말에서 월초가 되면 신경이 곤두서 있다. 계산서 발급할 때 홈택스에서 실제 '발급' 전까지 발급 미리 보기를 포함하면 거의 다섯 번 정도를 다시 볼 수 있는데, '발급 미리 보기'를 누르기 전에 이미 다섯 번을 보고 다시 다섯 번을 보는 편이다. 잘못 적어도 수정할 수 있지만 되도록 안 그러고 싶다. 실수와 함께 남겨진 뒤처리에 능숙한 편이 아니기 때문이다.

한 번은 입고한 수량과 거래 내역이 맞지 않았다. 자연히 해결되길 바라며 어느 시점까지 기다렸지만 그러지 않아서 전화하고 설명하고 메일 보내고 기다렸다. 며칠이 지나도 해결이 안 돼서 다시 전화해서 설명하고 다시 메일 보내고 기다렸다. 이건 어떻게든 해결될 것이고 나는 책을 보냈으니 아무런 문제가 없음을 아는데도, 있지 않아도 됐을 처리 과정이 필요하다는 사실에 스트레스가 쌓인다. 개복치도 아니고 이거야 원. 살면서 생길 수 있는 일을 가지고 이렇게까지 편치 않아 한다.

여전히 많은 것이 어렵다. 책을 더 좋게 만들려면 나 외에 책과 관련한 많은 사람을 챙기고 신경 쓰는 건 물론이고, 책을 위해 누군가와 컨택하고 외주를 맡기고 협의를 해야 하지만 그런 모든 일이 내겐 불안과 공포로 다가온다. 부탁하고 요청하는 일을 정말 '부탁' 같고 '요청'처럼 하는 사람들이 부럽다. 그런 이들이야말로 종이 한 장의 무게가 종이 한 장만큼만 느껴지는 사람들일 것이다. 실수를 여유롭게 대하고, 연락을 망설이지 않는 이들이 아무래도 그들일 것이다.

나는 실수도 연락도 불편한, '종이 사업자'에 불과하다. 종이 한 장이 만든 대표라는 직함에 인격이 있다면 못 하는 걸 하지 않으면 안 된다고 다그치는 무자비일 것이다. 오늘도 이 무자비함에 눌려가며 버틴다.

누가 그러던데 짓눌릴 땐 아무렇지 않아 하는 게 약이랬다. 그런 민간요법도 효과가 뛰어날 때가 있는 법이다. 약다운 약이 없을 때는 특히 그렇다. 현재로선 비싼 처방을 못 하니 어쩌나. 우선 버티는 것이다. 그러면서 머리에 이고 있는 무게를 버티기 위해 내 몸집을 늘린다. 내 체력과 능력과 정신 건강을 기르며, 서투름을 인정하고 모자란 나를 미워하지 않으면서, 무던함과 의연함을 키워간다. 그러다 보면 어떤 것은 점점 무거워지고 어떤 것은 점점 가벼워질 테니까.

## 작은 집이 출판사가 되면

 출판업은 사무실이 따로 없어도 거주지를 사무실로 두어 사업자 등록을 할 수 있다. 독립 출판이나 1인 출판이 많아지는 현상에 이 사실도 한몫한다고 생각한다. 그런데 원론적으론 집에서 일을 할 수 있어도, 공유 사무실 등을 이용하며 운영하기도 하고 규모가 커가면서 업장 주소를 옮기는 경우가 대부분이라는 걸 생각하면, 아무래도 집에서 영원토록 출판사를 하는 건 무리라는 소리다.

 아. 그런데 전제가 깔리겠다. 집이 작다는 전제가 있으면 무리다. 혼자 사는 집, 고로 혼자 살 만한 작은 집이 사업장이 된다는 것의 의미는 단순히 사업자등록증과 주민등록등본이 같은 주소를 공유한다 정도의 의미가 아니었다. 너는 앞으로 일과 집을 절대로 구분할 수 없을 것이니라, 살림살이 외의 물건도 살림 공간에서 감당해야 하느니라, 뭐 그런 신의 계시 비슷한 것이 이루어질 거라는 뜻이었다.

 작은 집에 살면서 물류사나 배본사도 쓰지 않으

면 더욱더 무리다. 책이 집에 쌓이기 시작하니 매우 곤란해지기 시작했다. 책은 무형이 아니라 유형이다. 물성이 있다. 나 하나의 삶을 이루는 물건들의 자리에 더 많은 물건이 밀려 들어오기 시작했다. 몇백 부의 책이 담긴 박스들, 포장용 박스 더미, 포장용 비닐 묶음, 완충재, OPP 봉투 묶음, 테이프와 가위, 쌓이는 거래 명세서와 운송장, 메모지들. 책 크기가 작은 게 그나마 다행이다. 집은 창고가 되었다. 안 그래도 복잡하기로 유명한 집이 이젠 정말로 저명한 복잡함을 갖게 된 것이다.

배본사를 이용하기 위한 돈도 없고 재고 조건도 맞지 않는다. 집이 창고가 되는 편이 낫다고 위안하지만, 다음번엔 힘을 내서 천 부 이상을 뽑고 배본사를 계약하는 게 이롭다는 생각을 남몰래 한지는 꽤 되었다. 하지만 말이 그렇지. 책이 꾸준히 팔릴 거라는 보장이 없는데 어떻게 이 이유 하나로 덜컥 계약을 하겠는가.

여름이 본격적이다. 남아 있는 책들이 습기 때문

에 물 먹진 않을까 걱정이다. 신발장 한구석을 차지한 파본은 다 버려야 하는 건지 어쩔지 그저 걱정이다.

돈벌이에 대한 걱정이니 그런대로 인정하고 만족하려 한다. 어쨌든 걱정할 거리가 이리도 명백하니 말이다. 문제도 해결도 훤히 보인다. 이거야말로 돈을 벌어야, 벌면, 극복할 수 있는 시련 아닌가. 해결법이 이렇게나 간단한 시련도 없다고 말은 하겠다…만, 눈물은 조금 나.

## 첫 사업장현황신고

바야흐로 몇 주 전, 문자 알림음이 울렸다. 발신인은 126. 그러니까 국세청. 정부 기관으로부터 문자가 오면 왠지 철렁한다. 사업장현황신고를 하라는 거였다. 도대체 이건 또 뭐지.

출판사 신고를 하고 사업자 등록을 한지 이제 1년이 다 되어간다. 사업자 업태 업종을 고르며 또 사업자등록증의 주소를 정정하며 세무서를 오가고, 계산서를 발행하며 홈택스를 들락날락했지만 여전히 모르는 것투성이다.

사업장현황신고는 "부가가치세가 면세되는 개인사업자가 전년의 수입금액을 신고하는 것"이라고 한다. 5월에 있을 종합소득세 신고에 활용할 수 있고… 아득하다. 안내문에는 많은 말이 쓰여 있었고, '하십시오'라는 결론을 담고 있었다. 얕은 검색에 의하면 신고하지 않을 시 가산세를 내야 한다는 글이 있었기 때문에 안 할 이유가 없었다. 다 하고 나서야 내 경우엔 사업장현황신고를 하지 않아도 가산세가 부

과되지 않는다는 걸 알았지만.

다들 쉽게 하는 모양이었다. 내겐 복잡하기만 했다. 처음은 이토록 어렵다. 글 몇 개를 정독한 후 국세청 홈페이지에 들어가 작성 예시로 만들어놓은 사례를 다 눌러보고 나서야 어디에 뭘 적는 것인지 대충 이해가 됐다. 사실 채울 칸 자체는 얼마 없기도 했고 복사 후 붙여 넣을 수도 있으니 편리한 편이었지만, 다음 버튼을 눌렀다가 다시 돌아오지 못할까 봐 한 칸을 채우는 데도 오랜 시간이 걸렸다. 탭을 바꿔가며 여러 번 숫자를 확인하고 매입과 매출을 뒤바꿔 적을까 봐 수없이 되뇌었다. 써넣어야 할 곳에 기입한 것이 맞는지 검색을 반복했다. 오전 중에 했으면 전화로 물어볼 수 있었거늘… 내일까지 기다릴 수도 있었지만 이왕 이렇게 된 거 오늘 해보자 싶었다.

'미리보기'까지 확인하고 완료를 누르니 벌써 두 시간이 흘러 있었다. 두 시간이면 아웃라인 잡아놓은 글 한 편은 쓸 수 있는 시간인데. 오늘 세워놓은 글 계획은 착실한 시민으로 살고자 내일로 미뤄졌다.

    국민연금에서도 우편물이 왔다. 착실한 시민에 이어 야무진 시민이 되려면 또다시 글 쓰는 시간의 일부를 써야 할 것이다. 글 쓰는 시간이 얼마큼 사라지겠지만, 그 점이 어쩐지 억울하지만, 어찌 보면 일이라는 생산적 시간의 일부를 포기하는 것이 아니라 그저 해야 할 많은 일 중의 하나를 하는 거다. 작가와 발행인이 동일 인물인 1인 출판사의 일이란 게 그런 법. 그 많은 일 가운데 오늘도 하나를 해냈구나, 생각할 뿐이다.

## 사업자 이전에 출판사

감사하게도 지난가을, 마포출판문화진흥센터에 입주하게 되었다. 마포구청이 관여하는 공간이라 비용도 저렴하고, 1인/소규모 창작자들에게 필요한 지원은 물론 서로 간의 연대도 이루어지고 있다. 무엇보다 거주지를 사업장 주소로 설정하면 광고물이 오는 등 불편한 점이 이만저만이 아닌데 사업장이라 부를 만한 공간이 따로 생긴다니 얼마나 기뻤는지.

계약서를 받고, 사업장 소재지를 변경하기로 마음먹었다. 홈택스로 간단히 바꿀 수 있을 줄 알았고, 실제로 홈택스에선 사업장 소재지를 변경할 수 있다. 그러나 나는 할 수 없었다.

반드시 기억하세요. 출판사는 사업장 소재지를 바꾸려면 먼저 출판사신고확인증의 주소부터 변경해야 합니다…. 이 사실을 모르는 바람에 사업장 소재지를 바꾸려다 하루를 날려 먹었다. 찾아보지도 않고 멋대로 생각했으니 당연한 결과인가 싶기도 하다.

웹에서 임대차 내역을 입력하는 게 문제였다. 임대인 정보에 마포구청을 써야 하는데, 나는 마포구청의 주민등록번호도 모르고(?) 사업자등록번호도 모르고 법인등록번호도 모른다. 구청에 번호가 원래 있는 건지도 모르겠다. 심지어 그 밑엔 임대차 부동산도 입력하게 되어 있지만 부동산이 중개하지 않은 이 경우에 입력할 재간이 없었다.

어쩔 수 없이 서류를 챙겨 세무서로 갔다. 그렇게 정정신청서를 수기로 작성해 담당자를 마주했고, 그는 이렇게 말했다.

"출판사는 출판사신고확인증 주소부터 변경하셔야 해요."
"아, 구청 가서요?"
"네."

어쩌겠는가. 나는 좌절했다. 시간을 보니 구청 업무가 곧 끝날 것이다. 마포세무서와 마포구청은 애매한 거리로, 지하철을 타면 괜찮은 편이지만 버스를 타면 시간이 좀 걸린다. 지하철을 타고 온 나는 다시 지하철로 구청에 가야 했다. 환승할 수 없었다. 내 1,250원….

출판사 관련 업무는 구청 문화예술과에서 담당하고 있다. 그곳에서는 이렇게 말했다.

"기존의 출판사신고확인증이 필요해요."

사업자등록증의 주소만 줄곧 생각한 인간이 출판사신고확인증을 들고 왔을 리가 없다. 오늘 정정 신청을 해도 출판사신고확인증은 오늘 나오지 않을 테다. 며칠이 미뤄지고, 며칠이 미뤄지면 일정에 차질이 생긴다. 이미 변수를 한 번 만났는데 이것까지 미뤄지면! 괴로움을 붙잡았다.

"제가 안 가져와서요. 혹시 방법이 없을까요… 방법이…."

그렇게 기존 신고증의 분실신고서를 쓰고, 주소를 정정해서 출판사신고확인증 재발급을 신청했다.

출판사가 사업자로서 사업장의 소재지를 바꾸기 위해선 출판사신고확인증의 소재지를 먼저 바꿔야 한다. 오늘의 발품이 가르쳐 준 이 절차를 새기고 보니, 출판사는 사업자가 되기 전에 이미 출판사로 존재해야 한다는 점이 새삼스레 와닿았다. 출판사는 사업자이기 전에 출판사라는 것. 그 정체성이야말로 일련의 절차보다 새겨야 할 교훈인지도 모르겠다.

¶ 현재는 마포출판문화진흥센터에 입주해 있지 않습니다.
¶ 당시 대중 교통 요금은 1,250원이었습니다.

# 책 팔다가 프로페서 엑스를 꿈꾼 사연

 마블 코믹스 원작, 영화 <엑스맨(X-men)> 시리즈를 아시는지. <엑스맨(X-men)>은 인간을 뛰어넘는 특별한 능력을 갖고 있는 돌연변이, 뮤턴트들의 이야기다. 극 중 인물인 '프로페서 엑스(찰스 자비에)'는 이 엑스맨 세계관에서 매우 중요한 인물이다. 세계관의 중심에 있는 자, 이 모든 시리즈의 처음이라고나 할까. 뮤턴트로서 프로페서 엑스의 능력은 '정신에 관한 거의 전부'다. 텔레파시를 보내고, 타인의 마음을 읽고, 기억을 조작하고, 생각을 조종한다.

 그러니까 이게 북페어랑 무슨 상관이냐 하면. 지난 주말 커넥티드 북페어에서, 초보 셀러는 프로페서 엑스가 사무치게 부러웠다.

❶ 말을 걸까 말까
북페어가 시작됐다. 『6.5평 월세방을 짝사랑하는 일』이라는 제목을 보고 몇몇 자취러들이 동행과 책을 가리키며 웃었다. 『연패의 삶: 져도 이기기』라는 제목은 '도대체 이게 뭘까' 싶었는지 샘플 책을 펼쳐

보는 손님들이 있었다. 그냥 보고 싶은데 붙잡고 설명하면 불편할까 봐 "편히 보세요"를 남발하며 자유롭게 두었다. 그들은 곧 떠났다.

안 되겠다. 포스터의 글귀가 어떤 책에 실렸는지 설명하고, "작은 방에 월세 살면서 일어나는 에피소드를 담은 책이에요", "19쌍의 단어를 가지고 삶의 좋은 방향을 제안하려고 쓴 책이에요"라는 식으로 짧은 설명을 했다. 별로 판매로 이어지진 않았다.

프로페서 엑스처럼 속마음을 읽어 말 걸어주기를 원하는 사람과 그렇지 않은 사람을 구별할 수만 있다면. 그들이 듣고 싶은 말이 내게도 들린다면.

어쨌든 다음부터는 '불편할까 봐'를 고려하지 않고 설명을 길게 이어 나가기로 했다. 그것이 최선이니까.

❷ 말을 계속할까 말까
각성하고 책 설명에 더 힘을 주었다. 포스터에 인

쇄된 글귀를 이용해 책의 에피소드를 구체적으로 설명하고, 『6.5평~』의 제목에 공감하는 듯한 손님에겐 자취하고 있냐고 물으며 이야기를 이어 나갔고, 『연패의 삶』에 관심을 보이는 손님에겐 '연패'하면 무슨 뜻이 생각나냐며 물꼬를 텄다. 오, 단순한 설명보다는 훨씬 타율이 좋은 듯했다.

그런데 적극적으로 설명을 하다 보니 또 다른 망설임이 생겨났다. 설명을 듣고 있는 이들의 반응 때문이다. 이들은 거의 비슷한 표정인 데다 하나같이 경청의 의미로 고개를 끄덕이지만, 어떤 이는 책을 사고 어떤 이는 사지 않았다. 살 것 같지 않은 사람이 책을 사기도 하고, 무한 긍정의 반응이었는데도 둘러보고 오겠다며 떠나는 사람이 있다. 같은 끄덕임이라도 다른 뜻을 가진다.

그들이 설명에 귀 기울이며 고개를 끄덕일 때, 입으로는 책 이야기를 지껄이면서도 속으로는 이 손님이 그만해달라는 표시로 끄덕이는 것이 아닐지 고민이 됐다. 또 한편으론 더 듣고 싶다는 표현일까 싶었다. 내 말이 듣고 싶은 걸까? 그래서 듣고 있는 걸까? 계속 말해도 되는 걸까? 잠시 멈추고 생각할 겨를을 주어야 하나?

프로페서 엑스처럼 사람들의 머릿속에서 끄덕임의 정체를 알아낼 수 있다면.

살 것만 같았던 사람들이 자리를 뜰 때 '앗 이분은 싫은 쪽이었나' 짐작하게 된다. 하지만 앞으로도 누구에게나 열심히 설명하기로 했다. 그것이 최선이니까.

❸ 어떻게 대답해야 할까
사람 마음이란 정말 알다가도 모르겠다. 이것저것 질문을 하고 홀연히 사라지는 사람들이 은근하다는 걸 아시는지. 셀러 입장에서는 반응이 없는 것보다 질문이 오가는 쌍방향의 대화가 좋으니 대답하며 기쁘지마는, 책을 사기 위해 이런 것까지 궁금한 건가 싶을 정도의 것을 묻고 떠나는 사람들도 있다.

판매 중인 책과 무관한 질문을 하고 내 대답을

듣고선 "아." 추임새 같은 한마디를 내뱉고 유유히 떠나는 이들의 뒤통수를 보면 물음표가 생긴다. 이들이 싫다는 뜻이 아니라 그저 의중이 궁금하다.

최대한 제대로 된 대답을 주려 노력했는데 기대했던 답이 아니었던 건지, 아니면 처음부터 답엔 관심이 없었던 건지. 어떤 대답을 원하는 거였을까? 애초에 책에 대한 호기심이 아니었던 걸까? 혼자 생각해 봐도 알 수 있을 리가 없다.

프로페서 엑스라면 이런 고민 따위 하지 않았겠지. 하지만 나는 전에도 후에도 누구에게나 충실히 답할 수밖에 없다. 그것이 최선이니까.


찰스 자비에의 말도 안 되는 능력을 가질 수만 있다면. 손님이 없는 동안 프로페서 엑스가 되는, 그의 능력을 갖는 상상을 했다. 내 책에 호기심을 가지라고 텔레파시를 보내고, 사고 싶다는 생각을 심는 상상. 그래서 방문하는 모든 이들이 내 책을 들고 떠나는 상상.

에라 북페어가 다 뭐야. 전쟁도 막을 수 있을 건데.

## 설렁탕 대신 책 판 돈을 쥔 송첨지

제주 북페어에 참여했다. 제주에서 북페어가 열리다니! 무려 한라체육관이라는 큰 공간에서, 무료로 진행된 페어다. 제주 북페어는 이번이 두 번째 열린 것으로, 첫 페어는 2019년에 개최되었는데 이후엔 코로나 때문에 열리지 못했던 것으로 알고 있다.

신청 당시의 나는 무슨 생각이었을까?

어, 제주 가고 싶다, 간 김에 제주 구경도 좀 하고, 책도 팔고, 좋겠다.

생각의 흐름은 흘러가듯 단순했다. 막상 날짜가 다가오자 아뿔싸 큰일 났다, 싶었다. 주말에만 짧게 다녀오려는 심산이었지만, 종일 책을 팔아야 하므로 페어 날짜엔 관광할 수 없었다. 제주를 누리려면 일주일에 며칠을 더 써야 했다. 그러면 따라오는 것이 이동 문제인데, 난 운전을 못 한다. 동행하는 최측근도 운전을 못 한다. 우리는 장롱면허즈. 거기에 집 문제가 추가된다. 페어 이틀에, 관광 이틀을 더하면 최소 나흘의 짐이 필요하다. 결정적으로 페어엔 책과 페어에 필요한 물품을 들고 가야 한다!

책을 몇 권 들고 갈지 정하는 게 이번 여행에서 무엇보다 관건이었다. 많이 들고 가서 남기느냐, 조금 들고 가서 완판하느냐 그것이 문제로다. 이 문제를 해결하기 위해 지난 페어들의 경험 데이터를 탐색해, 판매량의 하한선에 맞춰 들고 갔다. 사실 그것보다 덜 들고 갔다. 무거운 게 싫어서 그랬다…. 학창 시절의 나는 책가방을 학교에 두고 다닐 정도로 무거움을 싫어했다. 지금도 집안은 가득가득 채워 넣으면서 짐을 쌀 때는 덜어낸다.

그리하여 이번 페어도 역시 실패입니다.

예측에 완벽히 실패했다. 놀랍게도 책이 신나게 팔린 덕분에, 아침 두 시간 만에 『연패의 삶』이 동나고 있었다. 그때부터 내 심장은 바운스 바운스 두근대기 시작했고, 남은 시간을 어떻게 해야 할지 돌파구를 생각했다. 잘 팔려서 불안하다니 이게 도대체 무슨 자만과 건방으로 가득한 어처구니없는 말인지.

곧 『연패의 삶』이 완판되었다. 북페어의 첫날, 운수 좋은 날이었다. 나는 설렁탕 대신 책 판 돈을 쥔 송 첨지였다.

손님들에게 미안했다. 책을 설명하자, 물음표에서 느낌표로 바뀌는 사람들의 눈빛을 바라보며 책이 다 팔렸다고 말하는 헛바닥을 묶어놓고 싶었다. 택배로 배송받을 수 있다고, 그 결정을 하는 '용감한 사람'이 되시라고 기분 좋게 안내하면서도 심란했다. 난생처음 완판이라는 걸 해봤는데, 이리도 슬픈 일인가. 웃을 수가 없었다. 이 모든 사달은 나 때문이었다. 내 편함을 중심에 둔 이기적인 생각을 하느라 독자 생각을 안 해서 이렇게 된 것이다.

다른 책에 비해 책도 가볍고 작으면서. 그거 몇 권 더 넣어서 무게 차이도 별로 없을 텐데 그런 판단을 했다. 고작 몇백 그램, 기껏해야 1, 2킬로 그램 때문에 사람들에게 배송이라는 불편함과 사고 싶은 걸 사지 못하는 아쉬움을 떠맡기고 말았다.

집에 돌아와 택배를 준비하며, 용감한 선택을 해

준 그들에게 함께 보낼 엽서를 썼다.

택배 배송이라는 쉽지 않은 결정을 해주셔서 감사합니다. 서울에서 짐을 싸 들고 제주로 내려오다 보니, 책을 조금만 챙겨갔었는데요… 나 편해지자고 한 선택의 모든 감당을 독자분들께 떠맡긴 모양이 되어버렸네요. 이 책의 '편리함과 소중함' 챕터가 다시금 생각나는 오늘입니다. 잘 받아 기쁘게 읽으시길 바라요. 혜현 드림.

진심이다.

## 북페어 게시물에서 구남친을 발견했을 때

왜인지 웃음이 나온다.

북페어 게시물에서 어떤 인스타그램 계정을 발견했다. 북페어 계정이 태그된 게시물을 보다가 말이다. 랜덤하게 눌러 들어간 계정이었는데, 아무래도 알 수 있었다.

으왁!
이것이 나의 최초 반응이었다.
와 제발 미친 거 아니야?
이것이 나의 두 번째 반응이었다.

이미 들어가 버린 엑스(ex)의 계정을 바로 닫아 버리는 사람이 과연 있는가? 있다면 당신을 존경한다.

이제 보니 그는 독립 출판에 관심이 있었다. 그 북페어는 독립 출판계에서 유명한 페어로 나도 참여한 적이 있다. 학교가 아니었다면 올해도 참여했을 것이다.

와. 책 팔다가 거기서 만나면 어떻게 해야 함? 책을 설명해 주고 팔아야 합니까? 아니면 모르는 척해야 합니까? 아니면 저리 가라고 속삭여야 합니까? 와. 생각만 해도 너무 그 상황이 어색하여서 몸 둘 바를 모르겠다. 뭐 혹시나, 그 사람은 님한테 관심이 없어요ㅋ라고 생각하시는 분이 있을까 봐 덧붙이는데 저도 그런 관심 아니에요.

상황 자체가, 나는 팔아야 하는 처지인데 남들에게 하듯이 그렇게 할 수 있겠느냐를 생각하면 뭔가 오글거리잖아요. 면접 보러 갔는데 인터뷰어가 알고 보니 내 전남친? 미팅 온 동종업계 관계자가 내 전남친? 이런 느낌이지 않나. 웹소설 뚝딱. 당장에라도 re제로부터 시작하고 싶네.

그는 지나간 엑스들 가운데 인상적인 사람 중 하나다. 미안하고 잘되길 바라고 딱히 보고 싶진 않은 사람. 그때 나는 어렸고, 매우 막무가내였다. 툭하면 통보하질 않나, 그가 잘못한 것도 딱히 없는데 성질을 부렸고 마음껏 괴팍했다. 그 이후에 많은 것을 배웠다.

진짜 이거 이성으로 보는 감정은 눈곱만큼도 없는 감정으로 쓴 글인데. 오해를 사거나 잘못 읽히지 않았으면 좋겠다. 에세이스트는 삶을 팔아서 글을 쓴다고 하고, 내게 그저 좋은 글감이었을 뿐이다. 디지털 마주침이 너무 웃겨서 쓸 수밖에 없었다. 이런 식의 우연이 원수는 외나무다리에서 만난다는 느낌의 함의를 주는 게 정말이지 흥미로웠다. 내게 그는 원수까진 아니지만 그에게 나는 원수일 수도 있고…….

그가 내 책을 발견하지 않기를 바란다. 이 글도 읽지 않기를 바란다. 혹시 북페어에서 마주친다면 아무 말 없이 지나…가는 것도 좋지만 아무 말 없이 책을 사주면 더 좋… 아니다, 내 책 읽지 마. 그냥 사지 마. 근데 살 거라면 혹시 사인 원해…?

가짜작가

의

작가
　　정신

3

## 능동 사인 인간

 책을 썼더니 당연하다는 듯이 저자 사인 요청이 들어왔다. 평소에 서명이라 할 수도 없는 것을 서명이라면서 하고 다니는 사람인지라 사인을 해야 하는 순간이 오자 참으로 당혹스러웠다. 지인들에게 주는 선물은 재미로 어떻게든 해보겠는데, 일 관련으로 만난 분들께 선물로 드리는 책에 도무지 어떻게 사인을 해야 할지 모르겠다. 사인을 하나 만들어? 만들어봤자 지금 말고는 아무 데에도 쓸 것 같지 않다. 그 마음으로 간간이 사람들이 해달라고 할 때마다 늘 하던 대로—서명이 필요할 때 하던 대로—이름 석 자를 갈겨 넣곤 한다.

 아무래도 민망하다. 이렇다 할 모양이 없는 사인이라 그런지 성의 없어 보인다. 게다가 무슨 연예인들처럼 행복하세요 같은 문구를 써넣은 적도 있는데, 지금 생각하면 이불을 발로 뻥뻥 차도 시원찮다. 첫 책인 데다 사인이라는 걸 만들어보지 않은 사람의 사인이니까 각 잡고 하는 '사인 행위' 자체가 아마 추어가 프로 흉내를 내는 것 같은 기분이 들어 정말 흉내를 낸 것인데, 그냥 진지하게 쓰는 게 나을 뻔했다.

어쩌면 마음먹고 프로라고 생각하는 편이 나았을지도. 자고로 흉내 내는 데서 프로의 기적이 시작되는 것이니까 말이다. 일 년에 열 번 정도 있을까 말까 한 사인을 위해 지금부터라도 연습을 시작해야 하는 걸까? 어떻게 하든 아마추어로 보이는 사람이 프로인 척을 하면 그것만큼 민망한 것도 없다만, 그게 프로가 되는 길이라면야.

이렇게 합당한 논리가 도출되었음에도 섣불리 연습에 뛰어들지 못하는 이유는 사실 사인에 있어 프로라는 게 '사인 횟수'와는 별로 연관이 없어서인 것 같다. 그보다는 얼마나 많이 하게 '되느냐'의 문제인 듯싶다. 사인 프로는 스스로 사인을 하기보다 하게 되는 쪽에 속하기 마련이니까.

하다와 되다의 문제, 즉 사인이 능동과 피동의 문제라는 걸 알았기 때문에 다시 민망해진다. 내가 나를, 스스로가 스스로를, 자기가 자기를 인정해 가며 사인을 해야 하는 이 상황이 민망하고 부끄럽기 그지없다. 이 사인이란 건 타인의 인정이 있음으로써 의미가 만들어지는 것인데, 아무도 건네지 않는 인정을 내가 만들어서 나에게 주고 있지 않나.

언제나 능동은 피동보다 노력한다. 물리적으로도 더 움직이고, 머릿속에서도 더 움직인다. '하다'를 하려면 어떻게 해야 할지 생각하고, 몸을 움직여 이행한다. 나는 누군가에 의해서, 상황에 의해서, 책임이나 의무에 의해서 사인을 '하게 되'기 보단 알아서 '해야 하는' 쪽이다. 사인을 노력해야 하는 능동 사인 인간이 바로 나다.

노력하는 주체로서 민망함을 무릅쓰고 아니, 민망하다 여기지 않고 꾸준히 할 수 있는 방법은 동작의 주인인 내 자격 역시 능동적으로 부여하는 것일지도 모른다. 얼른 작가가 되렴. 아니, 작가라 하렴. 타인으로부터 부여받아 무엇이 되었다가 아니라, 나로부터 승인한 다음 무엇이다가 되도록.

흐음, 언제쯤, 과연 언제쯤 내 자격을 깍듯이 챙

겨 당당히 사인을 할 수 있을까? 잘 모르겠지만, 어쨌든 저번에도 사인을 했긴 했다. 이번에도 하긴 할 것이다…….

# 크라우드 펀딩과 마지막 호두과자

"언니는 크라우드 펀딩 해봤지 않아?"

나를 이모도 아줌마도 아니고 언니라고 부르는 사람 중에 가장 어린 J가 말했다. 우리는 크라우드 펀딩에 관해 이야기를 나누던 참이었다. 프로젝트를 해서 펀딩을 해보면 재미있겠다, 라면서. 셋이서 이야기하다가 둘이서 신나 하는 중에, 나 홀로 반응이 미적지근했는데 J는 왠지 그걸 포착한 것 같았다.

"어…뭐, 그렇지 해봤지."
"성공한 거 아니야?"
"어…뭐, 그렇지. 근데 난 잘 모르겠다. 음, 아, 몰라."

청문회도 아닌데 모르쇠 남발 스킬을 썼다.

『연패의 삶: 져도 이기기』는 크라우드 펀딩으로 제작되었다. 엄밀히 말하자면, 펀딩을 목표로 한 펀딩은 아니었다. 당시 소속되어 있던 센터의 지원 프로그램 일환이었고, 그 프로그램의 전제 조건이 펀딩의 성공이었다. 펀딩을 하면 자동으로 홍보도 될 것이고, 성공하면 지원 프로그램에도 부합해지고, 일거양득의 효과라고 생각해서 진행하게 된 것이다.

펀딩 페이지를 오픈을 위해 '진행하기' 버튼을 누르며 심장이 두근두근했다. 이후의 모든 일이 걱정됐기 때문이다. 혹시나 너무 많은 관심을 받으면 어쩌나, 거기 뭔가 잘못됐으면 내가 그걸 어떻게 감당하나. 그리고 반나절도 채 지나지 않아 우스운 상상이라는 걸 깨달았다. 누구의 관심도 없었다. 몇 시간이 지나도, 며칠이 지나도.

최측근이 펀딩 선물(펀딩 성공 시에 후원자에게 제공되는 보상) 목록에서 계산이 잘못된 하나를 발견하고 알려주었다. 수정할 수 있었던 게 다행이다. 후원자 중 누구도 그 선물을 선택하지 않으면 수정할 수 있었기 때문이다. 어라, 불행인가…….

최종 후원금의 7은 가족의 지분, 2는 친구의 지분이다. 여기서 놀라운 사실은 모르는 사람의 후원도 1 정도 있었다는 것이다. 그분을 위해 약속된 날짜를 지켰다고 해도 과언이 아니다.

    기대했던 홍보 효과는 하나도 얻지 못했다. 지금 생각해 보면 그게 당연했다고 생각한다. 알리지 않으면 모르는 게 인지상정, 적극적인 홍보를 안 했으니까. 홍보는 채널과 채널이 엮여서 시너지를 이뤄내는 것이다. 아는데도 안 했다. 아는 만큼 잘할 수 있는 게 아닌 데다가, 지금도 그렇게 하고 있지 않은걸. 별로 대단하지도 않은 걸 대단한 것처럼 말하는 게 거짓말 같다. 그렇다고 내가 내 작품을 모자란다고 생각하는 게 아니다. 좋다고 생각한다. 나뿐만이 아니라 다른 사람들도 기획의 기발함을 안다고 생각한다. 알기만 한다면 말이지.

    하지만 알리는 게, 어렵다. 착각하게 만들고 싶지 않아서인가. A라더니 알고 보니 B여서 더럽게 별로다는 식의 결과를 감당할 자신이 없는 듯싶다. 홍보가 누군가에게 닿았을 때 자의적인 해석을 하는 사람들의 인식 영역이 두렵다.

영화 <김종욱 찾기>에서 임수정 배우가 연기한 지우는 마지막 남은 호두과자를 먹지 않는 버릇이 있다. 어릴 땐 그게 무슨 의미인지 제대로 몰랐으면서 그 상징적인 느낌을 좋아해 공감하는 체했다.

종종 마지막 남은 호두과자에 대해 생각한다. 어쩌면 나도 지우 같은 사람은 아닐까 하고. 끝을 맺지 않으려는 그의 마음은 불확실한 것을 불확실한 채로 두는 내 마음과 닮았다. 잘 친 시험의 성적도 확인하지 않는 나. 잘 지냈냐는 안부를 물을 수 있는데도 굳이 하지 않는 나. 홍보 없이 얻을 수 있는, 호의적인 사람들로부터의 호의적인 반응에 적당히 만족하는 나.

언젠가는 마지막 호두과자를 먹어야 할 것이다. 아니, 먹게 될 것이다. 영화 속 지우가 그랬던 것처럼. 확실해야만 의미 있는 것들이 있고, 그때는 용기를 내야만 한다.

## 꿈 깨

3월 초의 일이다. 망원동 루아르커피바 1층에서 글을 쓰고 있던 날, 메일 탭에 '(1) 새 메일…' 알림이 보였다. 기다리고 있는 메일은 없었다.

한 라디오 프로그램이었다. 책을 낭독하는 코너가 있는데, 거기에 내 책을 낭독하고 싶다고 했다. 창작물 사용에는 저작권 허가가 필요하기 때문에 저작권자에게 메일을 보낸 것이었다. 이런 제안이 오기도 하는군. 유명 작가의 책만 읽히는 줄 알았더니 내 책도 읽힐 수 있는 거군! 흔쾌히 좋다는 답장을 했다.

별로 들뜨지 않으려 했지만, 그래도 신기한 건 사실이라 프로그램 검색도 하고 채널 홈페이지에 들어가 라디오 없이 그 프로그램을 들을 방법을 미리 알아두기까지 했다. 우연인지 뭔지, 마침 엄마에게 전화가 와서 평소엔 잘 하지도 않는 '요즘 뭐 하고 지내는지'를 늘어놓았다. 이런 메일을 받았다는 이야기와 함께. 무릇 부모님께는—부모님만 그런 건 아니지만 특히 더—결과로 눈에 선연한 무언가를 보이는 게 근황을 설명하는 백 마디 말보다 쉬운 법이다. 실재가 될 무엇을 알려주었다.

또 마침 며칠이 지나 아빠 생신이라 축하 전화를 했다. 아빠는 아들딸이 차려주는 생일상에 기분이 좋아 보였다. "별일 없냐?"라는 물음에, 무릇 자식이라면 이런 날 아부지 기분 좀 좋게 해드려야지 싶어 며칠 전 이런 메일을 받았노라 말했다. 내가 벌이는 일들보다 한마디로 설명하기에 충분하고, 들으면 듣는 대로 이해 가는 일. 기쁨이 예열되는 시간은 짧을수록 좋다.

장난처럼 모든 것이 평소와 달랐다. 평소라면 하지 않을 말이었다. 이 단어를 사용하고 싶지 않지만, 이것만큼 적확한 표현도 없으리라. 자랑의 말. 남들보다 못하지도 않지만 잘나지도 않았다. 누구에 비하고, 또 다른 누구에 비하면 대단한 것이 없다. 속 시원히 자랑할 만한 자랑거리가 없을 텐데도 부모님은 기어코 자랑거리를 찾아내 왔다. 난 그들의 자랑스러운 딸이니까.

자랑스러운 딸이 되기 위해 자랑거리를 만들어드리고 싶었다. 혼자 글을 쓰고 책을 만들었고 지금까지 책이 몇 권 팔렸고 어떤 서점에 있고, 나를 설명하는 장황한 말들에 부모님은 자랑스러워했지만, 그것이 진정 자랑거리가 되었는지 모르겠다. 상대방이 늘어놓는 자식 자랑을 들으며 내 딸을 자랑하기 위해 어떤 말을 골라야 할지 고민했을지도.

그 고민을 조금이라도 덜어주고 싶었던 것 같다. 나는 어떻든 상관없다. 부모님도 실은 별생각 없을 것이다. 다만… 단 한 번이라도 쉬운 딸이 되고 싶었다. 누구나 아는 명사로 본인을 수식하는 데 집착하는 사람을 멀리하지만, 나도 몇 개쯤은, 한 번쯤은, 누구나 아는 명사로 설명되는 쉬운 딸이 되어주고 싶었다.

좋은 꿈은 말하고 다니면 효험이 없어진다고 하던가. 믿지는 않지만. 그 말이 그저 하나의 관용구처럼 생각이 났다. 기한이 다가와 새로 도착한 메일에는, 프로그램이 개편 때문에 사라졌다는 내용이 적혀 있었다. 평소와 다른 말들을 내뱉으면서도, 내뱉는 와중에도, 내뱉고 나서도, 무효가 될 것 같은 기시감이 들더니 정말 그렇게 되어 버렸다. 이렇게나 금방. 아무래도 꿈이었나 봐.

아. 사정을 밝히는 상냥하고 형식적인 문장들을 탓할 순 없는 노릇이었다. 누구의 잘못이라 할 수 없는 일이니까. 좋은 꿈 잘 꿨다고 말할 수밖에 어쩔 수 없지. 꿈꾸는 동안만큼은 좋았다. 으레 꿈이 그렇듯. 결국에 이 잠에서, 그리하여 이 꿈에서 깨고야 말았다. 으레 꿈이 그렇듯.

## 페르마타를 정하는 사람

　음악을 잘 알지 못한다. 또래 어린이들처럼 피아노 학원 문턱을 기웃거리며 체르니 30번까지는 쳤지만. 엄마 차를 타고 어딘가로 실려 가서 가창을 배웠던 기억도 있지만. 그때의 그것들이 도움이 되었는지 아닌지 분간할 수 없을 정도로 음악과 거리가 먼 삶을 살고 있다. 요즘 사람들은 LP를 모으고, 힙한 음악을 선곡하는 걸 재주로 여기고, 일명 노동요를 들으며 작업하기를 즐기는데, 나는 그 어디에도 속하지 않았으므로 이 분야에서만큼은 요즘 사람이 아닌 걸로 판명 났다.

　그러다 클래식에 꽂혔다. 안효섭 배우의 인터뷰를 몇 개 보다가 쇼팽 얘기가 나오길래 연주자 버전에 따라 몇 개 찾아 들었더니, 알고리즘이 옳다구나 싶었는지 클래식을 열심히 추천해 주었다. 슈만, 라흐마니노프, 리스트, 드뷔시… 들어도 분간할 능력은 없지만, 그냥 들었다.

　몇 달 전 사두었던 『건반 위의 철학자』를 꺼내 읽

기 시작한 게 그 무렵이다. 이렇다 할 이유 없이 샀던 책이다. 책은 사놓고 읽는 것이다.

2장에 이런 문장이 있다.

"음악은 무한한 마침표이다. 그리고 인류가 과거부터 지금까지 존재해오고 있다는 사실 위에 붙은 페르마타다."

하단에는 '페르마타'를 설명하는 각주가 붙어 있다.

"악보에서 음표나 쉼표에 붙어 본래 박자보다 길게 늘여 연주하도록 지시하는 기호다. 얼마나 길게 연주할지 정해져 있지 않고 연주자의 해석에 맡긴다."

연주자가 결정하지 못하면 어떻게 되는 걸까. 연주자가 도저히 언제 끝낼지 결정하지 못해 우왕좌왕하면서 연주 중에 이쯤 할까 말까 망설임 가득한 얼굴로 고심하는 모습을 상상한다. 재밌는 상상이다.

일어날 일 없을 테니까. 음악을 평생 다뤄온 사람들에게 이런 상상은 어불성설이겠지. 그렇지만 내게는 상상 이상으로 현재고 미래다.

기한이 있는 것들을 대하는 데 익숙해서, 마무리가 온전히 내게 맡겨진 일을 어떻게 다뤄야 하는지 여전히 모르겠다. '마무리가 온전히 내게 맡겨진 일'은 다시 말하면 '정해진 기한이 없는 일'이다. 글 쓰는 일이 그렇다. 책 출간을 결정하는 일도 그러하고, 책 파는 일도 그러하다. 언제까지는 정해져 있지 않고 내 해석에 달려있다. 나름의 선택에 나름의 이유와 근거를 대가며 가장 좋은 마감일을 정하는 것, 그것이 책에 찍힌 페르마타를 읽는 방법이다.

『연패의 삶』은 두 편으로 계획했다. '져도 이기기'와 '져서 이기기'로 나누어 시리즈로 낼 작정이었다. 후속작의 진행 상황은 오직 엄마만 궁금해하고 있다.

그렇다. 나는 악보 말고 출판 계획 일정에 찍혀

있는 페르마타를 해석하는 사람이기도 하지만, 일정 자체를 만들어내는 사람이기도 하였다. 말하자면 연주자인 동시에 작곡가다. 언제까지를 결정하는 사람이면서 언제부터, 어디서, 어떻게를 먼저 결정하는 사람인 것이다.

인제 보니 다음 책을 시작하지 못하고 있는 건 음악을 잘 모르는 탓인 듯싶다. 섣부르게 맡아버린 역할이 버겁다.

❡ 본문에서 언급한 문장은 시간의흐름에서 펴낸 『건반 위의 철학자』 60쪽과 61쪽에 있습니다.

## 부끄러운 겉절이

어느 날 나는 겉절이에 대해 생각했다. 북페어에서 한 손으로 꼽아도 손가락이 남을 정도로 책을 판 날이었다.

옆 부스는 내 판매량의 거의 30배를 팔고 있었다. 사람들은 거기의 줄을 기다리며 내 책을 들춰봤다. 설명을 듣곤 무상으로 제공되는 스티커를 챙겨 몸을 돌렸다. 옆으로.

괄목할 만한 광경을 목격하며 신세가 꼭 겉절이 같았다고 생각했다. 먹어도 그만, 안 먹어도 그만. 식사 나오기를 기다리며 괜히 젓가락질 몇 번 해보는 겉절이, 밥 먹다가 좀 지겹다 싶으면 한 번씩 먹어주는 겉절이 말이다. 봐도 그만, 안 봐도 그만. '지대한 관심은 없는데 있으니까 가져보는 관심'이 내게 전해졌다. 그날의 알량한 마음은 '가져보는 관심' 쪽 대신 '관심은 없는데' 쪽을 유독 크게 해석했고, 나의 알량함으로부터 상처를 받았다.

겉절이 인생. 나는 부러웠고, 기가 죽었고, 무력해졌다. 한편 화가 났다. 그건 국밥이 슴슴해도 겉절이 때문에 식당을 찾는 손님이 분명히 있다는 걸 아는데도, 아는데도! 밴댕이 소갈딱지에서 벗어나지 못하는 내 치졸함이 싫어서였다.

집으로 돌아온 나는 과거의 또 다른 북페어에서 내 옆을 지키던 한 창작자를 기억해 냈다. 그이는 북페어가 처음이라 응대에 서투른 듯싶었다. 성향도 잔잔해 보였고 작품 분위기도 잔잔했다. 그와 대조적으로 북페어는 시끌벅적했다. 내가 가벼운 마음으로 가뿐하게 준비한 이벤트는 운 좋게 손님들의 취향과 맞아떨어졌다. 부스가 북적이는 동안 옆 부스는 잠잠했다. 몇몇 사람은 내 자리에서 웅성거리다 옆에 눈길을 주고 돌아섰다.

그이는 물었다. 북페어 경험이 많으세요? 원래 이런 걸 하는 건가요? 나는 그 질문들의 무게를 가볍게 여겼다. 대수롭지 않게 웃었으며 대수롭지 않게 답했다. 별거 아닌걸요. 저도 별로 경험이 없어요.

그냥 재미있을 거 같아서 했어요. 그때의 나는 아무 생각도 없었다. 저희는 이런 것도 하나도 모르고 왔네요. 그리고 따라붙은 그이의 머쓱한 웃음.

솜처럼 가벼웠던 그날의 마음은 뒤바뀐 시공간에서 뱉어지지 않은 눈물을 먹고 잔뜩 무거워졌다. 그이도 나처럼 스스로가 겉절이 같다고 생각했을까?

질투는 선언하는 순간 질투에서 벗어난다고 했던가. 머쓱한 미소 하나로 집어 던질 수도 있었던 멍에를, 나는 어리석게도 제 손으로 메고 있었다. 난 그날로부터 몇 년간이나 질투에 사로잡혀 있었다. 그 질투를 누구에게도 말해 본 적이 없었다. 아무렇지 않고 싶었다. 아무렇지 않지 않은 나를 지겹도록 참아서 아무렇지 않은 것이 되게 만들고 싶었다. 바보도 아니고. 겉절이는 오래 묵히면 상하기만 한다. 푹 익은 신김치가 되는 게 아니라고. 왜 자꾸 다른 게 되고 싶은 건데. 그냥 겉절이라고 겉절이. 겉절이 해.

겉절이에겐 겉절이의 생이 있다. 세상엔 밥이랑 먹기 좋은 겉절이가 있는가 하면, 칼국수랑 먹기 좋은 겉절이가 있고, 수육과 어울리는 겉절이가 있다. 어떤 것은 다른 요리가 죽지 않을 시원한 맛을 가져야 하고, 어떤 것은 다른 요리 못지않을 감칠맛이 나야 한다. 그게 겉절이다. 그걸 자각하지 못했다는 점에서 나는 더할 나위 없이 어리석었다. 나는 내 역할을 무시한 채 국밥이거나 칼국수이거나 수육이고 싶었고, 국밥도 아니면서 다른 국밥을 밀어내고 더 잘 팔리려고 했다. 그래서 자꾸 알량해졌다.

질투가 내 눈을 가렸고 나는 한 치도 움직이지 못했다. 질투는 내 귀를 막았고 나는 내 안의 질투만 들었다. 그러느라 정작 중요한 걸 외면하고 있었다. 어떻게 하면 국밥보다 잘 팔리는 겉절이가 될까를 고민할 시간에 어떻게 하면 부끄럽지 않은 겉절이가 될 수 있을까를 고민했어야 했는데.

난 당신이 질투 나요. 찾는 사람이 있는 당신이 부러워요. 인스타그램 팔로워가, 유튜버 구독자가 찾아와서 부스전성시를 이루는 당신네가 배알 꼴려요.

 이걸 몇 년이나 지나 여기서밖에 말하지 못하는 내가 부끄럽다. 하루 종일 질투하느라 화가 나서, 나를 찾은 사람들에게 최대한의 마음을 다하지 못한 내가 밉다.

¶ 본문의 "질투는 선언하는 순간 질투에서 벗어난다"라는 문장은 유지혜 작가님의 메일링 서비스 '유지혜페이퍼'에 실린 문장으로 알고 있습니다. 저는 유튜브 민음사TV(찰스엔터 출연 편)에서 언급되어 알게 되었습니다.

# 글밥 먹고 싶은 겁쟁이

글밥 먹고산다는 표현이 있다. 글을 쓰거나 글과 관련한 활동으로 돈을 받아 생계를 유지한다. 글밥 먹고사는 작가들에게는 여러 제안이 들어온다. 원고 청탁부터 강연 요청까지. 브런치라는 플랫폼이 자리를 잡을 수 있던 이유에 이 제안 기능의 역할도 있다고 생각한다. 내가 첫 '필자 요청' 메일을 받은 것도 브런치를 통해서였다. 그 무렵 콘텐츠를 인문학이나 미디어학 관점에서 분석하는 글을 종종 썼었는데, 어떤 이가 하나를 읽고 요청을 해왔다. 지인 부탁을 제외하고 모르는 사람에게 그런 메일과 그런 요청을 받아본 건 처음이었다.

제목을 보자마자 서둘러 읽은 메일엔 '이렇게 생각하는 내가 이상한 건가?' 싶은 정도의 원고료가 기재되어 있었다. (구체적으로 말할 순 없겠지만… 지폐가 될 수 없다… 뭐 그 정도….) 아무 값을 못 하고 웹상에 덩그러니 놓여있는 글을 생각하면 무슨 값이라도 쳐주는 게 좋을 것 같다는 생각이 듦과 동시에, 그래도 이게 맞나 싶은 생각이 들었다. 메일에는 양

질의 글을 원한다고 쓰여 있었다.

요청해 온 회사는 스타트업인 듯했다. 이리저리 찾아보니 대표가 비전이 있어 보여 나는 승낙이든 거절이든 하기 전에 확실히 물어보고 싶었다. 그래서 답장을 썼다. 글을 쓰기 전에 여쭙고 싶은 게 있어서요. 회사를 위해 좋은 글이 필요하신 것 같아요, 지금은 이해하지만 향후엔 원고료가 어떻게 책정될지 계획이 있으시다면 알 수 있을까요, 응원합니다.

어떻게 되었느냐 하면, 회신이 없었다. 여전히 없다. 심지어 확인 못 한 줄 알고 다시 보내기까지 했다. 순진했다.

후에 그 회사가 운영하는 서비스를 확인해 보니 다양한 글이 올라와 있었다. 저들이 얼마를 받고 자신의 글을 공유했는지, 난 궁금해하지 않아도 알 수 있었다. 묘했다. 이 글을 쓰며 다시 찾아봤고, 회사는 사라졌다.

싼 게 비지떡이란 말이 있긴 하지만, 싼 게 늘 비지떡인 것은 아니다. 값보다 중요한 것들은 항상 있다. 그럼에도 글에서 값이 중요한 이유는, 말 그대로 값은 결괏값이기 때문이다. 노동력에 대한 결괏값. 이 값은 시장가, 곧 시세가 된다. 작가들은 자신의 글이 매우 싼값인 걸 괜찮아하면 안 된다. 자신의 노동력이 작은 값으로 치환되면 타인의 노동력도 그렇게 되어 버리니까. 특히 무명해서 글값이 0원이 될 수도 있다면 더더욱…….

그런데 유명하지 않은 나 같은 사람은 싼 글값을 마다하면 일이 없어진다. 지금도 '공식적'으로 올라와 있는 내 글 중 대부분은 원고료 0원에 팔려 갔다. 돈도 안 받았으면서 어떻게 '일'이라고 할 수 있냐고 묻는다면… 어쨌거나 글이라는 포트폴리오가 쌓여야 일이 들어오게 될 테니까, 그렇게 했다.

이제서야 알게 된 건 그렇게 한다고 해도 일은 들어오지 않는다는 것이다. 할 거라면 그걸 '잘' 해야 한다. 아주 치밀하게. 그리고 치열하게. 예컨대 그저 쓰는 것은 소용이 없고 쓰기를 전시하는 것에도 열중하면 더욱이 효과적이다. 많이 쓰는 게 중요한가? 그렇다. 많이 쓰는 것도 중요한데, 많이 많이 많이 쓰지 못할 거면 한 개 쓰고 많이 많이 많이 쓴 것처럼 확성기 들어야 더 효과적이라는 말이다. 쓴 글도 전시해야 하고, 썼다고도 전시해야 하고, 쓸 거라고도 전시해야 한다. 거기에 느낌 좋은 피드를 구성한다면 더할 나위 없다. 온라인에서 못할 거면 오프라인에서라도 해야 한다. 아니면 관계자들에게 콜드 메일이라도 돌리든지. 진짜 미치게 못 하겠다. 괴로워서 머리 뜯고 있는 동안, 무급으로라도 글을 쓰는 동력은 사라졌다. 쓰기가 싫다. 나 따위가 뭐라고 글 쓴다고 난리브루스 떨고 있지? 남들 다 쓰는 거?

 이렇게 또 땅굴 파고 있으면 지인들은 아냐 아냐 얼마나 대단한 건데라며 응원을 건네고 나는 그들의 성의를 무시할 수 없고 괜찮아 뭐 또 늘 그렇지 별생각 없어 어깨동무 으쌰으쌰 하다가 밤에 잠을 못 자서 일일 복용량이 한 개인 멜라토닌 두 개를 먹고 네 시가 되어서야 가까스로 잠든다.

에세이도 좋고 소설도 좋지만 언젠가는 꼭 비평이나 평론에 준하는 글을 쓰고 싶다. (정확히는 그런 식으로 쓴 게 읽힌다는 보장이 있는 결과물이 될 것으로 예정되어 있어서 쓰는 데에 열중할 수 있으면 좋겠다, 라는 뜻.) 대중문화 칼럼이나 분석 글이나 비평 글. 또는 논픽션. 그걸 위한 자격이라도 만들어 보려고 꾸역꾸역 석사를 마친 것이기도 하고. 그러나 슬프게도, 그런 글은 품이 많이 들고 나는 동력 없이—아무 이유 없이—그런 글을 써내는 끈기가 손톱만큼도 없다. 그래서 많이 많이 많이 쓰지 못하는 것이다. 이거야말로 뭘 보여줘야 할 텐데. 많이 쓰는 걸 보여주든 한 개 쓰고 잘 보여주든, 뭐라도 해야 할 텐데. 여전히 정신 못 차리고 아 몰라 밤새워서 논문 찾고 책 읽고 밑줄 친 거 찾느라 눈 빠지고 인용해서 써도 아무도 안 읽고 디지털 쪼가리 쓰레기 되는데 제가 그걸 열심히 써야할까요, 라며 징징거리는 나……. 입 다물고 열심히 하는 게 정답인 거 아는데. 열심히 하기가 싫네.

겁이 난다. 열심히 하고도 아무것도 안 됐다는 소리를 들을까 봐 무서워서 영원히 주저하고 있다. 적당히 하면 적당히 해서 뭣도 아니라는 핑계를 댈 수 있다. 그래서 아무것도 하지 않아서 아무 일도 일어나지 않는 쪽을 착실하게 선택하고 있다. 요령껏 하고 싶은 거면 요령이라도 길러야 하는데. 지가 열심히 안 하는 거면서 이래저래 핑계는 많다. 원래 겁쟁이가 말은 많다. 저도 아니까 질책은 멈춰주세요. 남 탓 안 하기, 입 다물기, 하기. 실천해 보겠습니다? 젠장, 또 공짜 글이야.

진짜작가

로

만드는

것들

4

## 마법의 주문

며칠 전 인스타그램 해시태그를 쭉 살폈다. 내 책 제목들, 내 이름, 출판사 이름, 등을 돋보기 옆에 쳐서 넣고 최근 게시물을 봤다가 인기 게시물을 봤다가 섬네일에 못 보던 게 있으면 바로 클릭한다.

그중의 하나는 이렇게 적혀 있었다. "글 잘 쓰네요."

단 한 줄이었다. 왜 웃긴 지 모르겠으나 웃음이 났다. 우습다는 뜻이 아니다. 오해 금지. 다른 책에는 길게 리뷰를 남겨 놓으셨는데 내 책은 이렇게나 짧다니 인상 깊은 게 그다지 없었나? 혹시 비판점이 하도 많아서 다 쓰는 대신 다 생략하기로 한 것인가? 싶음과 동시에 앗 그렇다면, 그럼에도 불구하고, 인상 깊었던 것은 나의 글 실력이란 말씀?

한동안 글 쓰는 게 싫어졌었다. 글태기라고나 할까. 쓰고 싶은 말이 없는 건 아니었는데, 쓰기를 시작하려는 시도조차 이행되지 않았거니와 시도하더라도 한 글자도 써지지 않았다. 지금 하고 있는 뉴스레터에서 쓰는 소설조차 간신히 쓰는 날이 많았다.

음, 글 쓰는 게 재미가 없었다. 이미 내 글쓰기는 자기만족의 수준을 넘어서 버렸기 때문에—여기저기 공개되었고 공개할 생각으로 글을 썼기 때문에, 반응을 기대할 수밖에 없었던 거다. 이렇다 할 반응이 없으니 재미가 없고, 그러니 무력해지고, 그러다가 하지 않게 된다. 반응이 없든 있든 그게 무엇이든 신경 쓰지 말자고 제 책에 제가 써놓고도 그랬다. 그렇게 다짐해 놓고도 안 되는 게 사람 마음이렷다. 인간이란 게 참, 매번 다짐하고 매번 그 다짐이 자의든 타의든 방해를 받고 자기파괴를 하고 괴로워하고 다시 깨달음을 얻고 그래서 또 힘을 내보는. 그런 순환에 나는 오늘도 놓여 있다.


리뷰를 검색해 본 건 갑작스러운 일이었으나 이런 관점에서 보자면 딱히 예상외의 행동도 아닌 것이다. 이 무력한 인간이 힘을 내려면 어떤 동력이 필요했기 때문이고, 본능적으로 그는 알았다. 유명하지 않은 책을 읽고 시간을 들여 리뷰를 쓰는 사람들의 감상평을 읽어야 한다는 것을!

그 책을 읽고 싶어서 읽은 독자만큼 날카로운 평론가는 없다. 또한 그들은 정성스러웠다. 쓴 사람인 나보다 책을 뾰족하게 설명하고 정확하게 파악할 때가 많았다. 말하고자 했던 것을 눈치채는 데 그치지 않고 그 이상의 통찰을 제공하기도 한다. 그런 사람들이 이렇게 글쓰기에 기운 빠진 인간도 작가라고 불러주고, 책의 문장을 꺼내 자기 삶에 기록하고, 심지어는 글 잘 쓴다고 하는데, 뭐랄까. 괜히 기분이 이상해져서 살짝 눈물을 훔…치진 않았지만, 글이 써졌다.

글이 써졌다고 표현하니 마법의 주문이라도 외친 것 같은 느낌이지만, 저절로 써졌다는 게 당연히 아니다. 뇌보다 빨리 손가락이 움직이면서 나도 내가 뭐라고 하는지 알 수 없는 상태로 화면에 글자가 입력되고, 그런 거라면 히가시노 게이고보다 다작할 수도 있을 것이다. 그런 일은 생기지 않을 것이니 그만 상상하도록 하자. 그게 아니라 '아 하기 싫다'의 의식 단계가 사라졌다. 덕분에 나를 훼방 놓는 내 의식에 지지 않고 바로 글쓰기 모드에 진입할 수 있게 되었다.

사람들은 해야 할 일에 곧장 진입하기 위해서 루틴을 만들곤 한다. 루틴은 마법의 스위치가 된다. 나도 글쓰기를 위해서는 비슷한 무엇이라도 만들면 좋겠다 싶었다. 그리고 비로소 마법의 주문이 될 만한 심플하고 명료하며 효과 만점인 문장을 찾아냈다.

"글 잘 쓰네요"!

## 책이라는 선언

글을 쓰고 엮어 책으로 출판하는 것은 돌이킬 수 없는 선언과도 같은 일이다. 한번 세상 밖으로 나온 책은 지워지지 않기 때문에. 잊힐 순 있어도 지워지진 않는다. 디지털 공간에 퍼져 버린 글들이 그러하듯이 종이책도 그러하다.

어쩌면 종이책이 고치지 못한다는 쪽에서 더 심각한 느낌을 준다. 수정 버튼 하나로 충분한 소셜미디어의 글과 달리, 종이책의 오탈자는 그다음 쇄까지 수정할 수 없다. 종이책에서 내뱉은 말은 금방 정정하기도 어렵다. 인터넷에선 리포스트든 댓글이든 글을 읽은 사람의 시선이 닿는 곳에 오해가 있는/을 의견에 대한 설명을 덧붙이거나 고칠 수 있지만, 책의 말에 무언가를 덧붙인 후 읽는 사람으로 하여금 의견이 덧붙여졌음을 인지하게 하려면 보다 오랜 시간이 걸린다. 평생 해명하며 살아갈 수도 있다. 혹은 평생 해명하지 못할 수도 있다. 사람들이 그의 말이 궁금하지 않을 경우, 기회는 없다.

인터넷의 글이라고 수정이나 오해를 풀기가 쉽다는 뜻은 아닌데, '내'가 '곧바로' 할 수 '있음'과 없음의 차이가 부담감을 좌우한다. 많은 사람이 자신의 이름을 단 책이 나오기 전에 복잡한 마음이 드는 것도 이 때문이다.

북페어를 하다 보면 다양한 손님을 만난다. 그들의 대부분은 독립 출판이나 출판, 글과 책에 관심이 있는 사람들이고 또 그중 몇몇은 책을 쓰고 싶어 하거나 준비하는 사람일 때도 있다. 특히 후자와 이야기를 나누다가, 글 쓰는 거 좋아하는데 책을 쓰기가 망설여진다는 말을 꽤 듣는다. 망설임 안에는 피드백에 대한 걱정이거나 절차의 어려움 등 여러 종류가 섞여 있겠지만, 이런 망설임의 이유는 책의 낙장불입적 면모 때문이지 않을까.

나는 128쪽의 책과 160쪽의 책을 냈으니, 288쪽 분량의 긴 선언을 한 것이나 다름없다. 288쪽에 걸쳐 나열된 빽빽한 문장들이 전부 낙장불입이다. 이젠 컨트롤지(control+z)를 눌러 되돌릴 수도 없고 백스페이스나 딜리트를 눌러 지울 수도 없다.

두 책의 리뷰를 읽다가 독자들이 나의 선언을 읽는다는 사실이 새삼스레 느껴졌다. 그 선언은 누군가의 소중한 생각으로 심어지고 또 다른 결심으로 반복되면서 마음에 깊은 인상을 남기고 있었다. 나의 결심, 나의 마음, 나의 시선, 나의 믿음과 생각이 담긴 선언문. 그것들은 잊힐지라도 지워지진 않을 것이다.

## 쓰게 만드는 사람

"엄마도 글을 써볼까?"

엄마가 무언가를 해보겠다고 한 건 폰뱅킹을 해보겠다고 말한 후로부터 1년이 훌쩍 지나서였다. 언니에게 폰뱅킹 하는 법을 배운 엄마는 내게 전화를 걸어 자랑하듯 그 사실을 알렸다. "엄마 이제 폰뱅킹할 수 있어. 지금 네 통장에 돈 한 번 넣어볼까?" 그렇게 말하는 엄마의 목소리는 유난히 신나게 들렸었다. 새로움에 대한 묘한 간질거림 같은 것이 묻어 있었다. 글을 써볼까, 그렇게 말하는 목소리가 다시 간지럽게 들렸다.

엄마는 한동안 자주 못 한다고만 했었다. 컴퓨터 업데이트 화면, 휴대전화의 용량 알림, 인터넷 쇼핑 결제, 그런 것들이 엄마에겐 너무 어려운 것들이었고, 그 어려움을 해결하는 건 내 몫이었다. 내겐 쉽기만 한 일들이었다. 아무리 배워도 못 하기만 해서 배우기를 그만해버린 어려움들과 일단 시도를 선언한 글쓰기는 어떤 차이가 있었던 걸까. 엄마에게 '쓰기'는 무엇이었을까.

　내게 쓰기는 무엇인지에 앞서 왜 글을 쓰기 시작했는지를 떠올려 보는데, 잘 모르겠다. 많이 읽었고 읽어서 쓰고 싶었던 것 같다. 정세랑 작가의 『시선으로부터』에도 심시선이 며느리 난정에게 "너같이 많이 읽는 애는 언젠가 쓰게 된다."라고 말하는 장면이 있지. 책을 읽으므로 쓰게 됨은 프랑수아 트뤼포가 영화를 사랑하는 마지막 방법이 영화를 만드는 것이라 한 것과 별반 다르지 않은 감정이리라. (그런데 알고 보니 그렇게 말한 적 없단다.)

　그렇지만 여태 책을 사랑하는 마음으로 글을 써 온 건 아니다. 사춘기 때나 조잡하고 조악하기 그지없는 글들을 그 마음으로 끄적여댔었고 이후의 글쓰기는 대부분 숙제나 과제 같은, 아니면 대회나 장학금 같은, 어떤 강제성과 목적성을 동력 삼아 이뤄졌다. 언제부턴가 쓸 수밖에 없는 상황 때문에 쓰는 날들이 점점 많아졌다. 그로 인해 잠깐 권태기가 왔다고 표현해도 좋겠다. 읽어야만 하는 책을 읽고, 써야 하는 글을 썼다. 그렇게 써댄 글은 혈기가 왕성했지만, 나의 한구석은 쭉쭉 빨려 나갔다.

 순수한 열의가 필요했다. 그래서 나는 썼다. 혼자 썼다. 누구에게도 보여주고 싶지 않은 글을 감춰가며 썼다. 이렇게도 쓰고 저렇게도 쓰고 역시 아쉬워서 그것들은 '비공개'로 남겨졌다. 내 순수를 감당할 짬이 안 됐다. 그게 어떻게 비칠지 너무 무서워서, 여전히 무섭고, 자꾸만 예전처럼 글을 썼다. 근거를 나열하고 반박을 피하기 위해 방어하는, 건조하고 치열하기만 한 글을 썼다.

 그럴 때 불현듯 엄마의 글쓰기가 궁금해지곤 했다. 내가 어릴 때 엄마는 늘 무언가를 썼다. 엄마는 공부를 하고 리포트를 썼다. 엄마의 독수리 타법이 답답해 한컴 타자 연습을 취미 삼아 하던 내가 나서서 엄마가 불러주는 부분을 컴퓨터에 받아 적곤 했다. 엄마는 막내를 두고 늦은 공부를 시작한 걸 항상 미안해했지만, 그 덕에 난 무언가를 최선을 다해 한다는 게 어떤 것인지 알게 되었다. 아빠는 엄마가 정말 글을 잘 쓰고 똑똑한 사람이라고 말하곤 했다. 엄마가 모 신문 독후감 대회에서 수상한 이야기는 아빠의 입을 타고 막내딸에게 자랑스레 전해졌고, 난 글짓기와 독후감의 모든 순간에서 엄마를 생각했다. 알지 못하는 세계를 동경하는 사람처럼 엄마의 글쓰기를 동경했다.

내가 쓴 책을 읽고 엄마는 글을 써보겠노라 말했다. 덧붙여서는 엄마도 쓸 수 있을지도 모르겠어, 공주 글을 보니 엄마도 쓰고 싶어졌어, 라고 했다. 순수한 열의. 내가 잃었던 순수한 열의가 엄마에게 닿았다. 내가 몇 분 동안 휘갈겨내려 간 메모를 몇 시간 동안의 손목 스냅으로 진화시킨 글이 누군가를 쓰게 만들 수 있다니. 나도 모르는 내 순수가 거기에 깃든 모양이다. 그것 때문에 엄마는, 할 줄 알았지만 오랜 세월 잊어서 어려웠던 무엇을 기억해 냈는지도 모른다.

그렇구나. 나는 책을 씀으로써 쓰게 만드는 사람이 되었구나. 쓰는 사람일 뿐만 아니라 누군가를 쓰게 하는 사람이 된 것이다. '이 정도는 나도 쓰겠다'도 좋고, '나도 비슷한 생각을 했는데 쓰고 싶다'도 좋으니 내 책이 행동 유발자로서 열일하길 바란다.

순수한 열의가 그리운 사람들이 자기만의 순수와 자기만의 열의를 기억해 내는 데 조금이라도 도움이 된다면, 나의 쓰기는 역할을 다한 것이 아닐까. 생각보다 감당할 수 없는 기분이다. 어쩌지.

## 전설의 독자

책을 만들면 납본이란 걸 해야 한다. 발행일로부터 한 달 이내에 국가 기관에 의무적으로 책을 제공하는 제도다. 여기서 국가 기관이라 하면 국립중앙도서관을 말한다. 아무것도 모르고 있었더니 도서관에서 친히 납본서와 보상청구서를 동봉해 보내주었다. 책 두 권을 제출하고 그중 한 권은 보상받는다. 책 한 권 가격으로 사준다고 생각하면 된다. 납본 후에는 그저 잊고 기다리라고 했다. 내가 책을 납본한 날짜와 도서관에 비치되는 매우 다르다고 알려져 있기 때문이다. 돈이 통장에 들어오는 날짜는 그보다 더 멀다고들 한다. 그래서 나도 책을 도서관에 보내고 한동안 잊고 있었다.

한 달쯤 지나 국립중앙도서관 사이트에서 내 책이 검색된다는 걸 알았다. 자주 방문하던 학술 자료 사이트에서도 검색이 되었다. 데이터가 도서관과 연결되어 있어서 가능한 일이었다. 신기했다. 그러다 구글에 검색해 보니 엑셀 파일 하나가 나왔다. 검색 결과로 나온 파일이니 거기에 내 책이 입력돼 있다고 추정할 수 있었다. 뭐지, 싶어서 열어 봤더니 그 주에 비치된 것으로 추정되는 도서 목록이 나왔다. 그 목록에 있는 책들은 천 권이 조금 안 됐다. 주를 기준으로 적혀있었는데 천 권.

하루에도 책이 몇백 권씩 쏟아진다는 소리다. '1000'이라는 숫자가 아무렇지 않게 여겨질 정도로 많은 책이 만들어진다는 말이다. 한 주에 천 권이면 두 주면 2천 권, 한 달이면 4천 권…? 두어 달이면 만 권이 뚝딱이다. 돈 만 원이면 모를까, 책에 '10000'이라는 수를 갖다 붙이니 어색하게만 느껴졌다. 어디까지나 내 추측이라 팩트는 아닐 수도 있지만, 한 주가 아니라 한 달에 천 권이라고 해도 큰 숫자인 건 마찬가지다.

수백, 수천, 수만 권의 책들 속에서 어떤 책은 살고 어떤 책은 죽는다. 살아남아 호흡을 아끼지 않아도 숨을 쉬는 책은 전체의 1% 정도 되려나. 계란으로 바위 치기도 정도가 있지. 농담이면 좋겠다. 현실 부정의 노력에도 변명의 여지 없이 현실이었다. 내 책은 그러면 죽어 가는 걸까. 죽는 걸까. 아니면 벌써 죽은 걸까. 갑자기 내 숨이 안 쉬어지는 것 같았다.

나와 내 책에 산소를 주는 사람들을 생각해 내야만 했다. 숨통이 조여와도 딱 한 번, 제대로 숨을 쉬면 살아질 거였다. 책이 잘, 잘 살기 위해선 아마도 많은 눈과 큰돈이 필요하다. 그런데 눈길이 부족하고 돈이 덜 들었다고 해서 어떤 책이든 바로 죽어 버리는 걸까.

나는 믿었고, 믿는다. 단 한 사람의 눈만 있어도 그 책은 죽지 않는다고 믿는다. 단 한 명의 독자와 그가 책으로부터 얻은 단 하나의 심상. 그것만 있으면 책은 살아남는다.

서점에서 정산 메일이 온다. 몇 권이 제법 팔려나가 누군가의 손에 닿았다. 책이 어딘가에서 읽히고 있다. 책을 담은 그들의 눈동자는 본 적 없지만, 그 눈들이 내 책을 살린다는 걸 믿는다. 어떤 서점에서는 먼저 현매로 입고 문의를 해왔다. 어떻게 알고 내 책을 찾으셨는지 놀랍고 고맙다. 책을 포착한 그의 눈도 내 책을 살린다.

독자가 있다. 소문은 무성하고 본 사람은 없는, 전설 속 인물 같은 느낌이지만 그들은 끊임없이 어딘가에서 책을 살리고 있다.

믿음으로, 믿으므로, 존재하는 것이 있고 무릇 독자란 그런 존재다. 그래서 나는 믿기로 했다. 원래 믿음은 실체 없이 있는 것이니까. 실체가 있어서도 믿고, 당장 발견할 수 없더라도 실체가 있음을 알고 있기 때문에 믿고, 그리하여 존재한다. 이렇게 믿음을 먹고 자란 것들은 오히려 다른 실체들이 사라져도 살아남는다. 그래서 내 책도, 전설의 독자들과 함께 살아 있다. 그렇게 믿는다.

## 독자 메일

사람은 가끔 남에게 불필요할 정도로 관심을 두지만, 동시에 무안할 정도로 관심이 없다. 글에 관해서는 더욱더 그렇다. 글을 써서 관심받고 있다는 사실이 느껴질 만큼 관심을 받으려면 또래로는 이슬아 작가 정도의 파급력, 중견 작가로는 김영하 작가 정도의 유명세가 있어야 욕도 먹고 칭찬도 들을 수 있는 것이다. (이분들이 욕먹는다는 소리 아님…. 덧붙여, 원고가 해묵으며 넘사벽의 존재가 등장했으니 바로 그 이름 한강….)

오래전 예민할 수 있는 소재로 글을 실었다. 기사가 나가면 어떻게 될까, 걱정이 많았다. 과도한 관심이 무서웠다. 기명 기사라서 쓴 사람과 메일이 글과 함께 노출되는데, 테러라도 당할까 봐 일부러 잘 쓰지 않는 메일을 적어놓고 한참을 확인하지 못했다. 우스운 건, 유명 매체가 아니어서 그러기도 했겠지만, 걱정이 무색하게 한 통의 피드백도 없었다는 것이다. 그 정도로 사람들은 남의 것에 관심이 없다. 특히 글 자체면 몰라도 글을 쓴 사람에게는 관심이 없다.

과잉 관심과 무관심의 조화가 세상을 구성한다. '팔리는 글'은 과잉 관심 쪽이려나. 그런 글은 잘 팔리지만 어쩌겠냐고, 방법을 모르니 내가 아는 걸 쓰련다는 글을 다른 책에서도 썼다. 다만 "내 이야기를 하겠다"라는 건, 하고 싶은 말을 아무렇게나 지껄이겠다는 뜻이 아니다. 무조건 이익을 먼저 생각해서 쓰기보다 좋은 마음에서 비롯된 내 이야기를 쓰면 필요한 이에게 닿을 거라는 믿음에서 연유한 거였다.

어제 메일 한 통을 받았다. 지금도 믿을 수 없지만 그건 독자의 메일이었다. 그는 이 대단한 무관심과 과잉 관심의 세상에서 적절한 관심으로 나를 응원했다.

"(…) 지금의 6.5평에서 내 자신이 성장할 수 있는 방법, 더 풍요롭게 사는 방법에 대해 생각해보는 계기가 되었습니다.

처음에는 '재밌게 잘 읽었습니다!' 정도로 끝내려고 했던 후기가 굉장히 진지충처럼 길게 되어버렸네요ㅎㅎ 이 글을 보고 당황스러워 하시는건 아닌지 걱정이 되기 시작했습니다....ㅜㅜ

아무튼, 재밌게 잘 읽었습니다.
제가 에너지를 얻은 만큼 작가님의 앞길에도 건투를 빕니다.

두서 없는 글 읽어주셔서 감사합니다."

쓰는 사람이자 읽는 사람으로서, 독자의 한 사람으로서, 그의 마음은 내게도 있었다. 그건 『모순』과 『나는 소망한다 내게 금지된 것을』을 연달아 읽고 '양귀자' 이름 검색 후 그의 모든 책을 구매했을 때의 마음, 단편집 『광장』에서 김초엽 작가의 글을 읽고 충격받은 채 글 옆에다가 '미쳤다 미쳤어' 끄적거리곤 그의 책이 나올 때마다 죄다 읽고서 『지구 끝의 온실』 북 토크에 찾아가 이런 점이 좋았다고 랩 하듯 늘어놓는 마음, 윤가은 감독의 영화가 좋아 최근 발간된 그의 에세이를 탐독하며 비슷한 점을 발견하고 나랑 취향이 좀 맞다고 괜히 뿌듯한 마음. 그런 마음들과 닮았을까.

주기만 했던 그런 마음을 받았다니.

온라인 문학 플랫폼 '리드 텍스처'의 티저북에 글을 싣게 되었다. '작가가 된 순간'을 쓰는 꼭지가 있었다. 뭔가 웃기고 싶어서 "이 모든 일을 샤워가 해냈다. 샤워가……"라며 샤워하다가 첫 책의 글감이 생각났다는 이야기를 한 뒤, 글 말미에 이렇게 적었다.

"하고 싶은 말로 책을 시작해서인지 지금껏 하고 싶은 말을 써왔다. 이젠 사람들을 위해 쓰고 싶다. 많은 사람에게 읽혀서 잘 되려는 목적이 아니라, 그저 몇 명이라도 상관없으니 내 글이 도움이 됐으면 좋겠어서다. 위로든, 공감이든, 몰랐던 사실을 알게 됐든, 간지러운 곳을 마침내 긁었든. '위해' 쓰고 싶다."

위해 쓰고 싶다는 다짐. 작가를 작가로 만드는 것이 무엇이냐면, 내겐 이 다짐이 그것이다. "그저 몇 명이라도 상관없으니" 단 한 명이라도, 문장과 생각이 필요한 사람에게 행운처럼 닿을 수 있으면 좋겠다고 간절히 바랐다. 그리고 정말 닿았다. 닿아 버렸다.

만약 누군가 다시 작가가 된 순간을 묻는다면 "누군가를 위해 쓰고 싶었고, 그 누군가가 최초의 응답을 해주었을 때죠. 바로 독자 메일 말입니다."라고 대답하게 될 것이다. 독자 메일을 처음 받은 이 순간이야말로 '작가가 된 순간'이다. '위해' 쓸 수 있어서 작가로서 '살아있음'이 살아있게 됐다. 독자 덕분에 이제야 비로소 작가가 된 것 같다.

추신.
고맙고 감사하다는 말을 이렇게나 장황하게 해버렸습니다. 이 글이 당신의 응원에 답장이 되었으면 좋겠습니다.

## 붙잡힌 발목

[글 발행 안내] 구독자들은 꾸준히 글을 쓰는 작가님에게 더 깊은 친밀감을 느낀다고 해요. 작가님의 소식을 기다리는 구독자들에게 새 글 알림을 보내주시겠어요? Dec 24. 2024

새로운 소식을 베터러들이 기다려요. 지금 베터러들에게 안부를 전해보세요! 1시간 전

휴대전화에 푸시 알림이 떴다.

거짓말. 내 글을 누군가 기다리고 있다는 말은 거짓이다. 기다리고 있느냐는 말에 그렇다고 답하는 것도 거짓이다. 기다리는 사람은 아무도 없다.

텍스트는 참 재미있는 매체다. 누구나 만들어 낼 수 있어서 가치 있는 건데 모순되게도 그렇기 때문에 가치가 절하된다. 누구나 할 수 있기에, '뛰어남'이 드러나기 위해서는 여타의 창작물보다 특출나야

하기 때문이다. 그렇기에 나는 때때로 괴로워진다. (문자를 독점하고 싶었던 중세 권력층의 이기적인 욕망을 이해해 버린 나….)

고통스러운 것은, 이걸 생각하다 보면 내가 나의 가치를 절하하게 되므로. 스스로 내 가치를 깎아내리게 되므로. 나는 잘하나? 못하나? 계속해야 하나? 계속하면 안 되나?

타인의 평가에 목맬 필요가 없다는 걸 머리로는 알고 있다. 어차피 내가 해온 것은 내 힘으로 된 것이 아니기 때문이고, 그걸 알고 믿는 게 나의 신념이기 때문이다. 근데 그걸 알면 뭐 하나. 아는 것과 뼛속 깊이 체화되는 것은 다르고, 난 여전히, 하루 종일 아무도 찾아주지 않는다는 사실 하나에 잠겨 있다가 잠들기 직전까지도 적막과 어둠에서 자라는 생각들에게 기어이 주도권을 내주는 인간 나부랭이일 뿐이다.

종종 내 글을 읽어주는 사람이 단 한 명이라도

있기 때문에 쓴다고 말한다. 그 또한 거짓이다.

솔직히 말하면 한 명이라도 있기 때문에 쓰기를 포기하지 않는 것에 가깝다. 가뿐히 포기해 버리는 많은 것 가운데 글쓰기는 없다. 그러나 한 명이라도 있기 때문에 계속 써진다고 말하는 것은 거짓말이다. 써지지 않는다. 그 사람의 존재를 알기에 포기하지 않는 것뿐이다. 되새기는 것뿐이다. 적어도, 단 한 사람일지라도, 내 글이 그의 마음에 남았으니, 의미가 있을 거라고. 그러면 아무래도 쉽게 포기할 수 없어진다.

하지만 왜?


그 의미를 남기는 게, 그거야말로 도대체 무슨 의미인데? 나는 내게 묻지 않을 수 없었다. 그 사람에게 필요한 말을 어쩌다 내가 했다는 이유로, 의미라는 거창한 단어를 붙여가며 포기하지 않는다고 말하는 게… 그러니까 타인을 위해서 쓴다는 말로 번지르르하게 포장하고 있지만, 실은. '내'가 의미 있게 되기 위해서 그 사람이 필요했던 거 아니야?

 나는 그 사람이 있음으로써 '나'라는 사람이 의미 있는 사람이 되고 싶었던 거다. 그들의 존재에 기대어 나라는 사람에 붙은 '쓰는 사람'이라는 수식어를 지키고 싶었던 거다. 정말 우습지. 다 '나' 때문이면서.


 차라리 듣지 말았으면 좋았을까. 힘이 되었다는 말을. 내 책의 문장이 필요했다는 말을. 내 생각이 좋다는 말을. 계속 써달라는 말을. 팬이 되었다는 말을. 하고 싶은 말을 썼을 뿐인데 되레 돌아온 감사하다는 말을. 앞으로도 기다린다는 말을. 아무나 할 수 없다는 말을. 공감했다는 말을, 담백한 문체라는 말과 재치에 피식 했다는 후기를, 기획에 대한 긍정적인 피드백, 좋은 기회였던 청탁 원고, 적고 작아도 많고 크게 와닿았던 것들.

 칭찬과 성취를 맛본 나는 슈가하이에 들뜬 어린아이처럼 온종일 다디단 희망들을 생각했다. 야금야금 맛본 지난날의 옅은 단내를 잊지 못해 나날이 더 진한 맛을 갈망했다. 잊히지도 않고 끊을 수도 없는 그 달콤한 희망에 빠져 오늘도 나는 기어코 쓰고 만다. 퇴고는커녕 다시 읽어볼 생각도 없는 글을. 신변잡기에도 미치지 못하는 혼잣말을. 혼자 쓰지 않고 다 보라고 써낸다. 혓바닥에 남은 단맛을 치아로 긁으며 잘근잘근 곱씹는다. 예로부터 몸에 좋지 않은 것들은 참 달고, 도저히 질리지가 않지.

하여간. 죽을 때까지 그 희망들이 내 발목을 잡을 테고 난 그 붙잡힌 발목을 열렬히 사랑할 것이다.

## 지금

　내 발목을 잡은 사람들과 잡힌 순간들, 아냐 아냐 얼마나 대단한 건데라며 응원을 건네는 당신들, 나를 작가로 만드는 읽은이들, 이 책의 초안을 읽고 구글 폼에 답변을 남겨준 상냥한 글쟁이 동료들, 멜라토닌, 레위기가 재밌어지는 때가 오긴 오는 성경책, 위장에 좋을 리 없는 아침의 커피, 한 달에 여섯 번 먹는 날쌘 샌드위치, 2025년의 날짜를 책임지고 있는 우엉 사장님의 달력과 우엉의 김밥, 서투른 종이 사업자를 의연히 대해주는 사장님들, 원고가 묵고 삭는 동안 들었던 CCM들, 꿈이 없었던 게 아니라 사라졌었던 거라는 말, 나도 모르는 내 장점을 발견해 주고 나의 이런저런 어리석음이 드러났을 때 별생각 없이 넘어가 주는 사람들. 덕분에 이 책은 무사히 선언될 수 있었습니다. 스쳐 지나간 어딘가에서 제가 뭔가 어처구니없는 짓을 했다면 용서해 주세요. 다들 고맙습니다.

**머스트 씨드의 에세이**
6.5평 월세방을 짝사랑하는 일, 2021
연패의 삶: 져도 이기기, 2021

**머스트 씨드의 그림책**
달팽이의 슬픔, 2025


# 하는 일은 가짜작가

**초판 1쇄 발행일** 2025년 7월 11일

**지은이** 송혜현
**편집과 디자인** 송혜현

**표지 사진** f862
**글꼴** 가비아 눌 프리텐다드 능소화체

**펴낸이** 송혜현
**펴낸곳** 머스트 씨드(MUST SEED)
**출판등록** 2021년 3월 23일 (제2021-000089호)
**연락** mustardseed_@kakao.com

ISBN 979-11-974519-4-2 (03810)
**값** 11,000원

ⓒ송혜현, 2025

이 책은 저작권법에 따라 보호받는 저작물이므로 무단전재와 무단복제를 금합니다.
이 책의 판권은 지은이와 머스트 씨드(MUST SEED)에 있습니다.


But we have this treasure in jars of clay to show that this all-surpassing
power is from God and not from us.